T0195879

Medienwissen kompakt

Herausgegeben von
K. Beck, Berlin, Deutschland
G. Reus, Hannover, Deutschland

Die Reihe Medienwissen kompakt greift aktuelle Fragen rund um Medien, Kommunikation, Journalismus und Öffentlichkeit auf und beleuchtet sie in eingängiger und knapper Form aus der Sicht der Publizistik- und Kommunikationswissenschaft. Die Bände richten sich an interessierte Laien ohne spezielle Fachkenntnisse sowie an Studierende anderer Sozial- und Geisteswissenschaften. Ausgewiesene Experten geben fundierte Antworten und stellen Befunde ihres Forschungsgebietes vor. Das Besondere daran ist: sie tun es in einer Sprache, die leicht lebendig und jedermann veständlich sein soll.

Mit einer möglichst alltagsnahen Darstellung folgen Herausgeber und Autoren dem alten publizistischen Ideal, möglichst alle Leser zu erreichen. Deshalb verzichten wir auch auf einige Standards „akademischen" Schreibens und folgen stattdessen journalistischen Standards: In den Bänden dieser Reihe finden sich weder Fußnoten mit Anmerkungen noch detaillierte Quellenbelege bei Zitaten und Verweisen. Wie im Qualitätsjournalismus üblich, sind alle Zitate und Quellen selbstverständlich geprüft und können jederzeit nachgewiesen werden. Doch tauchen Belege mit Band- und Seitenangaben um der leichten Lesbarkeit willen nur in Ausnahmefällen im Text auf.

Herausgegeben von

Klaus Beck
Berlin, Deutschland

Gunter Reus
Hannover, Deutschland

Claudia Wegener

Aufwachsen mit Medien

Claudia Wegener
Potsdam-Babelsberg, Deutschland

Mit freundlicher Unterstützung der Filmuniversität Babelsberg KONRAD WOLF.

Medienwissen kompakt
ISBN 978-3-658-00842-0   ISBN 978-3-658-00843-7 (eBook)
DOI 10.1007/978-3-658-00843-7

Die Deutsche Nationalbibliothek verzeichnet diese Publikation in der Deutschen Nationalbibliografie; detaillierte bibliografische Daten sind im Internet über http://dnb.d-nb.de abrufbar.

Springer VS

Gedruckt auf säurefreiem und chlorfrei gebleichtem Papier

Springer VS ist Teil von Springer Nature
Die eingetragene Gesellschaft ist Springer Fachmedien Wiesbaden GmbH

Inhalt

1. Einstieg: Medienwelten heute

Am Morgen »klingelt« der Radiowecker: Aufstehen, anziehen und zum Frühstückstisch. Der Radiosprecher berichtet über das aktuelle Geschehen, es folgen Musik, Wetterbericht und das Neueste aus der Region. Auf dem Weg zur Schule spielt der MP3-Player die momentane Lieblingsmusik. Noch schnell bei WhatsApp geschaut, vielleicht E-Mails gecheckt und das Facebook-Profil aktualisiert: »Noch müde, gleich Mathe, Mist.« In der Schule leiten die Lehrer zur Onlinerecherche an und motivieren gleichzeitig, die Werbung kritisch zu hinterfragen. Mitschüler diskutieren das Fernsehprogramm von gestern und die besten YouTube-Clips. Später, nach dem Mittagessen, ein kurzer Blick ins Internet. Die angesagten Hits mit Freunden hören und am Tablet-PC ein wenig spielen. Hausaufgaben erledigen, eine CD dient als Geräuschkulisse. Vielleicht wird das Abendbrot mit den Eltern gemeinsam vor dem Fernseher eingenommen. Anschließend geht's ins Bett: lesen, Licht aus, schlafen. Träume von fernen Welten mit Hochglanzbildern bunter Werbebroschüren …

W ohl mutet der hier geschilderte Tagesablauf beim ersten Lesen etwas übertrieben an, doch ist er sicherlich nicht ganz unrealistisch und macht deutlich: Kinder und Jugendliche wachsen heute selbstverständlich mit Medien auf. Die unterschiedlichsten Angebote sind stete Begleiter des Alltags und werden in verschiedenen Situationen – mal gezielt, mal beiläufig – auch genutzt. Dabei sind Medien in viele Lebensbereiche eingebunden. Heranwachsende widmen sich ihnen zu Hause und bei Freunden, im eigenen Zimmer oder gemeinsam mit Familienmitgliedern in der »guten Stube«. Medien strukturieren Tageszeit und sind Fenster zu Welten, die im nahen Umfeld in der Regel nicht zugänglich sind. Dass Kinder und Jugendliche Medien nutzen, steht außer Frage. Weniger offensichtlich sind die Motive für den Mediengebrauch und die Folgen, die daraus resultieren. Warum sind Kinder und Jugendliche von Medien fasziniert? Welchen Nutzen ziehen Heranwachsende aus dem Umgang mit TV und Tablet, mit PC und Büchern, die sich trotz des technologischen Wandels tatsächlich immer noch in den Kinder- und Jugendzimmern finden? Bringt das Aufwachsen in komplexen Medienwelten Gefahren mit sich, oder sind heute schon die Jüngsten in der Lage, sich souverän ihren Weg durch den Mediendschungel zu bahnen und daraus ihre Vorteile zu ziehen? Solche Fragen drängen sich angesichts der Vielfalt der Medien und ihrer Popularität bei Kindern und Jugendlichen auf.

Unterschiedliche wissenschaftliche Disziplinen sind damit betraut, auf solche zunächst pauschalen Fragen differenzierte Antworten zu finden. Fest steht, dass Medien Kindern und Jugendlichen nicht allein zur Bildung und Wissenserweiterung dienen, auch wenn sich Eltern, Pädagoginnen und Pädagogen das wünschen. Ein Bildungsbedürfnis dürfte im Alltag eher nachrangig sein. Kinder und Jugendliche nutzen Fernsehen, PC und Internet dagegen häufig zur Unterhaltung, zum Zeitvertreib und/oder schlicht aus Langeweile, wenn sich keine andere Beschäftigung bietet. Darüber hinaus liefern Medien Gesprächsstoff, der als »sozialer Kitt« zum Austausch mit Gleichaltrigen dient. Es werden aktuelle TV-Shows oder YouTube-Clips verhandelt und ihre Stars diskutiert. In diesem Sinne unterstützen Medien das Miteinander, indem sich Freundesgruppen auch über die Inhalte der Medien formieren. Den Kindern und Jugendlichen bieten solche

Gemeinschaften einen Raum, in dem sie sich ausprobieren können und gleichzeitig Bestätigung finden. Wenn sich die Fans einer Serie im Spiel zusammenschließen, bestätigen sie ihre jeweiligen Geschmacksvorlieben und versichern sich so ihrer gegenseitigen Anerkennung. Andererseits unterstützen Medien Abgrenzung, wenn sich beispielsweise die *Herr-der-Ringe*-Fans gegenüber den *Ninjago*-Anhängern positionieren und jeweils darauf bestehen, dass »ihre« Idole unzweifelhaft besser, erfolgreicher und attraktiver sind. Dass das bei Erwachsenen nicht viel anders ist, zeigt sich in häufig emotionalen Diskussionen über die Fußball-Bundesliga und den jeweils favorisierten Verein. Hier entstehen ebenfalls Koalitionen, bei denen Zugehörigkeit und Abgrenzung eine wichtige Rolle spielen.

Vergleicht man die Medienwelt der Kinder heute mit der ihrer Großeltern, zeigt sich ein enormer Wandel. Der Begriff »Digital Natives«, mit dem die heutige Mediengeneration oftmals bezeichnet wird, macht das deutlich: Kinder und Jugendliche wachsen selbstverständlich in eine Medienwelt hinein, die komplex, digital und hochgradig differenziert ist. Damit sind ein anderer Medienumgang, andere Gewohnheiten bei der Mediennutzung und andere Zugangsweisen verbunden, als sie sich bei früheren Generationen fanden. So spielt Mobilität heute eine große Rolle. Kinder und Jugendliche nutzen Medien ortsunabhängig. Portable Geräte und das Internet ermöglichen es, Filme und Fernsehsendungen überall anzusehen. Tragbare Konsolen erlauben es ihnen, elektronische Spiele an unterschiedlichen Orten aufzurufen und sich von dort aus in die virtuellen Abenteuer zu stürzen. Damit wird die Mediennutzung auch zeitlich flexibel. Von Sendezeiten und Programmvorgaben der Fernsehsender machen sich Heranwachsende gerne unabhängig. Bereits der DVD-Spieler hat den zeitlich selbstbestimmten Konsum von Filmen und Serien ermöglicht. Der Festplattenrekorder unterstützt die Entwicklung und trägt zur Flexibilisierung der Fernsehnutzung bei, die sich nun immer individueller in den Tagesablauf einfügt. Nicht selten führt eine solche »Veralltäglichung« dazu, dass Jugendliche mehrere Medien gleichzeitig nutzen und miteinander kombinieren: Während sie ihre Hausaufgaben am Computer erledigen, spielt Musik aus dem MP3-Player. Das TV-Programm wird per Handy mit Freunden diskutiert, das Radio läuft, während sie die neuesten Spiele am PC ausprobieren. Manchmal nutzen sie sogar zwei oder drei Bildschirme parallel. Wenn Sendungen zu langweilig werden oder Werbezeiten zu überbrücken sind, weichen sie über den Second Screen aus. Die Programmverantwortlichen reagieren bereits auf den Trend und richten ihre Angebote immer häufiger auf die gleichzeitige Nutzung mehrerer Bildschirme aus.

Die Beispiele zur Mediennutzung zeigen, in welch hohem Maße Medien den Alltag von Kindern und Jugendlichen durchdringen. Die enge Verzahnung von alltäglichem und medialem Handeln macht deutlich, dass Medien nicht getrennt von kindlichen Lebenswelten zu sehen sind, sondern stets als deren unmittelbarer Bestandteil gedacht werden müssen. Sie sind mit dem Alltag Heranwachsender, ihren relevanten Themen und Bedürfnissen verbunden und wesentliches Element ihres sozialen Handelns. Älteren Erwachsenen erscheint die multimediale Welt besonders von Jugendlichen mitunter gewöhnungsbedürftig. Sie selbst sind noch mit wenigen Medien aufgewachsen. Das Angebot der Fernsehsender war überschaubar, umschalten erforderte den Gang zum Gerät selbst, sodass der Wunsch nach neuen Inhalten schon einmal mit dem eigenen Bewegungsunmut kollidieren konnte. Das Telefon war mit einem Kabel versehen und keineswegs mobil, schon gar nicht als Navigationsgerät oder elektronischer Briefkasten brauchbar. Das Internet schließlich war unvorstellbar ebenso wie die Möglichkeit, Heizung, Backofen oder das Licht zu Hause per App über das Smartphone zu steuern. Ken Olson, Präsident und Gründer eines in den 90er Jahren weltweit führenden Computerunternehmens, wird für das Jahr 1977 die

Mutmaßung zugeschrieben, es gäbe keinen Grund, warum irgendjemand einen Computer in seinem Haus haben wollte, der all diese Dinge für ihn regelt. Tatsächlich kam es anders; der PC ist etabliert, und selbst das Smart-Home ist gegenwärtig keine Illusion mehr. Dass die Mediennutzung von Kindern und Jugendlichen älteren Generationen mitunter befremdlich anmutet, verwundert also nicht.

Aus dieser Verwunderung, mitunter auch der Unkenntnis darüber, entstehen Sorgen, die Eltern und Pädagogen unterschiedlich formulieren. Sie beziehen sich auf die Nutzungszeiten und die Befürchtung, Heranwachsende könnten zu viel Zeit mit Medien und zu wenig Zeit in der »realen« Welt verbringen. Dass sich diese Welten angesichts der oben geschilderten Szenarien nicht mehr trennen lassen, erschwert die Frage nach einer zeitlich angemessenen Mediennutzung. Zudem befürchten Eltern, ihre Kinder könnten durch einzelne Sendungen und Angebote Schaden nehmen. Welche Sendungen sollen sich junge Menschen ansehen, welche besser meiden? Stimmt es, dass mediale Gewalt aggressiv macht oder gar zu gewalttätigem Handeln führt? Und was mache ich, wenn mein Kind sich nach einer Sendung ängstigt und vielleicht sogar schlecht schläft? Die Internetnutzung wirft wieder andere Fragen auf: Wo surfen meine Kinder eigentlich im Netz? Wie motiviere ich sie zu einer gesunden Skepsis, wenn sie in Chats und Foren unterwegs sind? Warum sind Online-Spiele so beliebt? Ersetzen die virtuellen Freunde möglicherweise die realen? Dass die älteren Generationen bei der Handhabung neuer Medien ihren Wissensvorsprung einbüßen und häufig nicht mehr als Vermittler auftreten können, erschwert die Lage. Dabei ergeben sich vor allem für die pädagogisch institutionalisierten Formen der Medienbildung neue Anforderungen. War das hierarchisch organisierte Wissen bei früheren Lehrergenerationen noch offensichtlich, fällt es Pädagogen heute mitunter schwer, zumindest mit den technischen Neuerungen der vielfältig verzweigten Medienwelt

Schritt zu halten. Nicht selten stellt sich Ratlosigkeit ein und mitunter der Wunsch, die Medienwelt würde wieder ein wenig überschaubarer werden.

Wie können wir den Herausforderungen, die uns komplexe Medienumgebungen stellen, nun begegnen? Es ist weder möglich noch wünschenswert, Medien abzuschaffen, Kinder und Jugendliche von ihrem Gebrauch fernzuhalten oder die Inhalte auf eine Weise zu reglementieren, dass sie höchsten pädagogischen Ansprüchen genügen. Ganz davon abgesehen profitieren Heranwachsende von Medien und machen sie für ihre eigenen Bedürfnisse und Wünsche nutzbar. Medien bieten vielfältige Ausdrucksmöglichkeiten, über die sich Kinder und Jugendliche Gehör verschaffen. Sie geben Orientierung und stellen Material zur Verfügung, die eigene Identität auszuprobieren und zu verhandeln. Sie fördern den Zusammenhalt unter Jugendlichen und initiieren Cliquenbildung. Zudem schaffen Medien einen Erfahrungshorizont, den Eltern und pädagogische Institutionen in dieser Form gar nicht bieten können. Sie schaffen Freiräume und sind Fenster zu unbekannten Welten. Medien sind Ausdruck von Kultur und Historie und können gleichzeitig als Werkzeug eingesetzt werden, sich eben diese anzueignen. Es gilt also, Kompromisse zu finden, über Risiken aufzuklären und die Chancen der Medien für Kinder und Jugendliche nutzbar zu machen. Eine wesentliche Voraussetzung dafür ist, um den Umgang Heranwachsender mit Medien zu wissen und bereit zu sein, sich ihre Lebens- und Medienwelt einmal genauer anzusehen. In diesem Sinne und mit der Absicht, hierzu einen Beitrag zu leisten, ist der vorliegende Band verfasst.

2. Aufbau des Bandes

Wie in der Einleitung bereits deutlich gemacht, geht es in diesem Band um Medien und deren Einbindung in den Lebensalltag von Kindern und Jugendlichen. Die Lebenswelten Heranwachsender sind immer auch Medienwelten; das haben die Medien- und Jugendforscher Dieter Baacke, Uwe Sander und Ralf Vollbrecht bereits vor mehreren Jahrzehnten deutlich gemacht. Ohne Medien aufzuwachsen, ist nicht mehr möglich. Damit sind Medien nichts, was gelegentlich einfach nur hinzukommt; sie sind unmittelbar und übergreifend mit dem Lebensalltag von Kindern und Jugendlichen, dessen Gestaltung und dessen Bewältigung verbunden. Eine solche Verzahnung von persönlicher Entwicklung und einer ebenso durch Medien bestimmten Umwelt betont der Begriff der *Mediensozialisation,* der in der Kinder- und Jugendmedienforschung von besonderer Bedeutung ist. Die Frage, wie Heranwachsende mit Medien umgehen, schließt an das an, was sie tagtäglich erfahren. Sie bezieht sich auf das Leben in der Familie und den Umgang mit Freunden. Sie betrifft pädagogische Institutionen unserer Gesellschaft, die das Aufwachsen stützen und begleiten. Letztlich geht es um die Persönlichkeitsentwicklung und die damit verbundenen Chancen und Risiken, die sich aus dem Medienhandeln ergeben. Fraglos kann der vorliegende Band auf alle diese Aspekte nur in stark verkürzter und vereinfachter Form eingehen. Ein Versuch hierzu sei dennoch unternommen.

Das folgende Kapitel wird zunächst die Vielfalt des Medienangebotes für Kinder und Jugendliche vorstellen. Wer nicht stetig – sei es als Elternteil oder Programmverantwortlicher – mit der Medienwelt Heranwachsender konfrontiert ist, wird einen ersten Einblick in die Weiten und Tiefen des Marktes erhalten. Allen anderen sei der Überblick als systematisierende Ergänzung angeboten. Hier spielen technologische Entwicklungen eine Rolle, das Zusammenwachsen von Medien und die Ausdifferenzierung der Medieninhalte. Es geht um die Segmentierung des Medienangebotes, mit der Kinder als Zielgruppe immer »kleinteiliger« angesprochen werden – Medieninhalte sind heute bereits für Null- bis Zweijährige konzipiert. Weiterentwicklungen finden sich für Kleinkinder und Vorschüler; Grundschulkinder sind als Zielgruppe ebenso erschlossen wie Pre-Teens und Jugendliche. Der Markt ist fein gegliedert, die Nutzung entsprechend vielschichtig. Mit einem einführenden Rundblick soll die Komplexität der Medienwelt vor dem Hintergrund des technologischen Wandels deutlich werden. Daten der Medienforschung zeigen, in welchem Ausmaß das Medienangebot von Kindern und Jugendlichen tatsächlich auch genutzt wird.

Aus der Übersicht über das Medienangebot leiten sich zentrale Fragen für die weiteren Kapitel ab: Welche kognitiven Fähigkeiten brauchen Kinder und Jugendliche, um Medieninhalte zu verstehen und deren Absichten zu durchschauen? Wie finden sich Heranwachsende in der umfangreichen Medienwelt zurecht, und wie wählen sie aus der Fülle des Angebotes aus? Welche Rolle spielt das soziale Umfeld, in das Kinder und Jugendliche eingebunden sind? Schließlich: Mit welchen Anforderungen ist Aufwachsen in der Medienwelt verbunden, und wie können Eltern und Pädagogen den Nachwuchs unterstützend begleiten?

Erste Antworten liefert das vierte Kapitel. Hier geht es um die Rezeption und das Verständnis von Medieninhalten sowie um Prozesse der Medienaneignung. Im Mittelpunkt stehen Fragen der geistigen und emotionalen Entwicklung von Kindern, ferner die handlungsleitenden Themen, die Kinder in unterschiedlichen Altersstufen beschäftigen und die sie heranziehen, wenn sie sich mit Medieninhalten auseinandersetzen. Das Kapitel stellt Ergebnisse entwicklungspsychologischer und medienpädagogischer Forschungen vor, die – darauf sei verwiesen – bereits Kleinkinder als Medienrezipienten in den Blick nehmen. Deutlich wird, dass es nicht immer um ein richtiges oder falsches Verstehen von Medieninhalten geht, sondern ebenso um die eigene Weltsicht des Kindes, die den Blick auf das Medienangebot lenkt und in ihrer Besonderheit als solche anzuerkennen ist.

Kapitel fünf beschäftigt sich mit der sozialen und institutionellen Umwelt, in die Mediennutzung eingebunden ist. Denn Medien werden nicht im »luftleeren Raum« genutzt, sondern sind immer mit einem sozialen Beziehungsgefüge verwoben. Der Medienzugang regelt sich zunächst über die Familie, die Rezeptionsmuster einübt und die Qualität von Medienangeboten verhandelt. Später begleiten und stützen Medien freundschaftliche Beziehungen. Sie dienen der Abgrenzung oder schlicht dazu, gemeinschaftliche Verbundenheit über gleiche Interessen sichtbar zu machen. Daneben sind die Akteure der Medienwelt für Heranwachsende von Bedeutung. In ihren Tagträumen wenden sich Teenager den populären Medienstars zu und können hier beispielsweise ihre ersten Vorstellungen von partnerschaftlicher Beziehung ausleben. Jüngere Kinder sehen hingegen in den Heldenfiguren der Animationsfilme Rollenvorbilder, die zu fantastischen Begleitern des Alltags werden. Einerseits bieten die Medien so Freiräume von alltäglichen Anforderungen, andererseits

schaffen sie fiktive Räume, um anstehende Entwicklungsaufgaben und gesellschaftliche Ansprüche zu proben.

Das abschließende sechste Kapitel verweist auf offene
Fragen und diskutiert zukünftige Entwicklungen. Sie ergeben sich aus den fortschreitenden technischen Neuerungen,
aber auch aus den neuen Umgangsformen, die mit der Mediennutzung einhergehen. Die enge Verzahnung von Medienhandeln und Alltagshandeln lässt die Frage aufkommen, ob
und inwieweit sich hier möglicherweise grundsätzlich neue
Formen der Kommunikation und des sozialen Miteinanders
ergeben, auf die wissenschaftliche ebenso wie pädagogische
Institutionen zu reagieren haben.

3. Medienangebot und -nutzung im Wandel

Das klassische Fernsehen ist bei jüngeren Kindern nach wie vor angesagt, und vorliegende Studien lassen nicht darauf schließen, dass sich das in absehbarer Zeit ändern wird. Mit zunehmendem Alter werden Medienangebote dann über unterschiedliche Plattformen genutzt. Damit vervielfältigen sich Verbreitungswege und Nutzungsformen differenzieren sich aus. Wie die Daten der Medienforschung zeigen, werden diese Trends vor allem von Jugendlichen und jungen Erwachsenen aufgegriffen, die mit den digitalen Medien aufgewachsen sind. Die Programmmacher, Buchverlage sowie der Zeitschriftenmarkt reagieren auf die Entwicklungen und versuchen, durch neue Konzepte und technische Finessen ihr junges Publikum zu halten, aber auch zum Mitmachen zu motivieren.

Will man den Medienmarkt für Kinder und Jugendliche beschreiben, stellen nicht nur die Fülle und die stete Veränderung des Angebotes eine Herausforderung dar. Es gilt zunächst einmal zu klären, was wir überhaupt als Kinder- und Jugendprogramm bezeichnen und aus welcher Perspektive wir eine solche Bestimmung vornehmen. Üblicherweise favorisieren die Drei- bis Neunjährigen Sendungen des öffentlich-rechtlichen Kinderkanals KiKA, doch zeigen Ausnahmeereignisse, in welchen Fällen sich das relativiert. Die Medienforscher des Südwestrundfunks, Sabine Feierabend und Walter Klinger, werten regelmäßig Daten der Fernsehforschung unter besonderer Berücksichtigung der Mediennutzung von Kindern zwischen 3 und 13 Jahren aus. Sie können belegen, dass eigentlich für Erwachsene konzipierte Sendungen mitunter zum Kinder- oder zumindest zum Familienprogramm werden. Besonders gut ließ sich das im Jahr 2012 beobachten, das von der Fußballeuropameisterschaft geprägt war. In dem Jahr führte das EM-Viertelfinale der deutschen Nationalmannschaft gegen Griechenland die Hitliste der bei den jüngsten Zuschauern beliebtesten Sendungen an. Und nicht nur dieses Spiel zog ihr Interesse auf sich: Unter den zehn Sendungen mit den höchsten Einschaltquoten waren sechs Spiele der EM. Ganz offensichtlich besitzen sportliche Großereignisse – und hier sicherlich allen voran Fußballspiele – das Potenzial, unterschiedliche Generationen zu begeistern. Dabei müssen es nicht immer Welt- oder Europameisterschaften sein: Für das Jahr 2013 weisen die Analysen von Feierabend und Klingler das Champions-League-Spiel zwischen Borussia Dortmund und Bayern München als Quotensieger bei Kindern aus. Im Wettbewerb um die Gunst der jungen Zuschauer hatte »König Fußball« hier ebenfalls die Nase vorn.

Die Beispiele rufen den seit Jahrzehnten immer wieder zitierten Satz des WDR-Redakteurs und Erfinders der »Sendung mit der Maus«, Gerd K. Müntefering, in Erinnerung, mit dem er den Begriff »Kinderfernsehen« und damit grundsätzlich Kindermedien infrage stellte: »Kinderfernsehen ist, wenn Kinder fernsehen.« Tatsächlich widmen sich vor allem ältere Kinder zahlreichen Medienangeboten, die zunächst einmal nicht primär für sie entwickelt worden sind. Unter den Lieblingssendungen der 6- bis 13-Jährigen findet sich der Serien-Dauerbrenner »Gute Zeiten, schlechte Zeiten«, und auch das international erfolgreiche Casting-Format »Deutschland sucht den Superstar« erfreut sich bei Grundschülerinnen und Grundschülern großer Beliebtheit. Umgekehrt und der Vollständigkeit halber sei angemerkt, dass einzelne Kindersendungen ebenso bei Erwachsenen beliebt sind. Ältere Zuschauer schätzen neben der »Sendung mit der Maus« Wissensmagazine wie »Löwenzahn« und die Kindernachrichtensendung »logo!«. Dass diese Sendungen Wissen ausgesprochen anschaulich und verständlich aufbereiten, ist für die Älteren offensichtlich gleichermaßen attraktiv, hier können Eltern und Großeltern durchaus noch etwas lernen.

Damit wird deutlich, wie schwierig es ist, Kindermedien und -programme überhaupt zu definieren. Einerseits können wir Medienangebote über ihr tatsächliches Publikum bestimmen. Eine solche Herangehensweise kann aber aus unterschiedlichen Gründen schwierig werden: Der Begriff »Kindermedien« würde nicht nur vollkommen beliebig werden, zudem wäre der von jüngeren Zuschauern heimlich und als Mutprobe gesehene Gruselfilm demnach ein Kinderfilm. Dabei blieben der pädagogische Impetus und der Qualitätsanspruch, die mit einem Angebot verbunden sind, das sich explizit an Kinder wendet, sozusagen auf der Strecke. Als praktikablere Variante erscheint es, das Verständnis von Kindermedien aus der Zielrichtung des Angebotes und seiner besonderen Adressierung junger Zuschauer abzuleiten. Demnach sind Kindermedien so konzipiert, dass sie an das Wissen der jungen Zuschauer anschließen und ihren geistigen und emotionalen Fähigkeiten entsprechen. Mit einer solchen Definition können sich Produzenten über die jeweiligen Zielgruppen und ihre Ansprüche verständigen, können Qualitätsmaßstäbe für Kindermedien entwickelt werden und Forschungsarbeiten dazu beitragen, den Kindermedienmarkt beispielsweise in seiner historischen Entwicklung nachzuzeichnen. Der tatsächlichen Mediennutzung Heranwachsender kann eine solche Perspektive allerdings nicht gerecht werden.

Auch die wissenschaftliche Auseinandersetzung mit Medienangeboten für Kinder und Jugendliche wählt unterschiedliche Blickwinkel. Die Medienwissenschaft und die Erziehungswissenschaft sind hier beteiligt, ebenso die Literaturwissenschaft, die sich naturgemäß vor allem mit gedruckten Werken auseinandersetzt. Die einführende Literatur zum Thema Kindermedien gibt in der Regel einen Überblick über das Kindermedienangebot, seltener über die für Jugendliche konzipierten Angebote, und arbeitet die Besonderheiten des Marktes heraus. Andere Studien betrachten Einzelmedien wie das Fernsehen oder den Film und beschreiben ihre historische Entwicklung. Mitunter steht die Frage nach dem pädagogischen Wert und damit verbunden nach der Qualität der Angebote im Vordergrund. Dabei ist es ein überaus ambitioniertes Vorhaben, Qualität zu bestimmen. Für die einen besitzt eine Sendung Qualität, wenn sie ihr Publikum erreicht und unterhält. Für die anderen ist ein Programm dann qualitativ hochwertig, wenn es Wissen vermittelt und zum Nachdenken anregt – und beides muss sich nicht einmal ausschließen. Dem Kinder- und Jugendprogramm sprechen Kritiker und Wissenschaftler gleichermaßen häufig dann Qualität zu, wenn es an die Lebenswelt Heranwachsender anschließt, ihre Themen und Bedürfnisse aufgreift und Fragen verhandelt, die für das Aufwachsen von Bedeutung sind – wenn Kinder und Jugendliche sich also in den Inhalten wiederfinden und dabei ernst genommen fühlen.

Damit zeigt sich, dass eine Systematisierung immer unter einem bestimmten Blick geschieht und andere Perspektiven jeweils möglich sind. So werden auch die folgenden Ausführungen zum Medienangebot und seinen Nutzungsweisen von Kindern und Jugendlichen nur Ausschnitte beschreiben können. Dabei soll deutlich werden, dass Angebot und Nutzung nicht unabhängig voneinander zu sehen sind. Historische, kulturelle und technologische Bedingungen beeinflussen Formate und Inhalte. Die jüngsten Zuschauer nutzen solche Medienangebote, bilden selbst aber Nutzungsgewohnheiten aus, die sich wiederum auf den Markt auswirken. Dass die Grenzen der Mediengattungen fließend sind, Bewegtbilder sowohl im Fernsehen, auf CD und über das Internet genutzt werden, lässt eine Systematisierung, die sich ausschließlich an den klassischen Medien abarbeitet, zudem veraltet erscheinen.

Eine Darstellung der Kinder- und Jugendmediennutzung muss diese Dynamiken aufgreifen, medienübergreifende Entwicklungen einbeziehen und das Angebot ebenso wie die Rezeption betrachten. In diesem Sinne sollen die folgenden Ausführungen Entwicklungen nachzeichnen und Perspektiven ausloten, mit denen die Mediennutzung Heranwachsender nachvollziehbar wird.

Vom gedruckten Wort zur Mobile App

Die Anfänge des Medienmarktes für Kinder fallen zusammen mit dem frühen Zeitschriftenwesen des 18. Jahrhunderts. Zu dieser Zeit erschienen in Deutschland die ersten seriellen Produktionen für Kinder. Häufig wird der *Kinderfreund* als erste deutsche Kinderzeitschrift genannt, die der Literat und Pädagoge Christian Felix Weiße herausgab. Den Idealen der Aufklärung entsprechend ging es Weiße darum, Kinder ernst zu nehmen, ihnen Vergnügen zu bereiten, sie vor allem aber zu erziehen und auf das Leben vorzubereiten. Kleine Geschichten, Schauspiele und Rätsel dienten der moralischen Unterweisung und richteten sich in erster Linie an Kinder in wohlhabenden Bürgerhäusern. Aus heutiger Sicht ging es dabei weniger um die Unterhaltung der jungen Leserinnen und Leser als vielmehr um die Ausbildung und Förderung der bürgerlichen Tugenden – ganz im Sinne der Epoche. Fleiß, Anstand und Ordnung mögen heute immer noch nachvollziehbar erscheinen. Dass Weiße aber auch schon einmal den erzieherischen Wert einer Hinrichtung herausstellte, verweist auf den zeitgenössischen Charakter der Inhalte und seine aus gegenwärtiger Sicht nicht immer unkritischen Ideale. Auch der Verleger Joachim Heinrich Campe wandte sich als einer der Ersten mit einer Zeitschrift an Kinder. Mit seiner *Kleinen Kinderbibliothek* verfasste er Ende des 18. Jahrhunderts Erzählungen, Gedichte und Fabeln, die ebenfalls zu Anstand und Vernunft anhielten. In Erinnerung blieb er zudem durch seine Bearbeitung des Romans *Robinson der Jüngere* von Daniel Defoe. Der Untertitel *Zur angenehmen und nützlichen Unterhaltung für Kinder* ist ein erster Hinweis auf die Rousseauschen Erziehungsideale, die Campe in seiner Neufassung umgesetzt hat. Damit schuf er ein Werk, das für den Jugendbuchroman insgesamt wegweisend sein sollte.

Seit diesen Anfängen sind mehr als 200 Jahre vergangen. Der Zeitschriftenmarkt hat für Kinder immer noch eine große Bedeutung. Er ist aber weder in seiner Vielfalt noch in seiner Ausrichtung und Aufbereitung mit den ersten Jahrzehnten vergleichbar. Für das Jahr 2016 weist United-Kiosk.de allein 100 Titel für Kids & Teens aus – Angebote an Kinder sind hier mit eingeschlossen. Neben den seit vielen Jahren bekannten und beliebten Heften der *Micky Maus*-Reihe finden sich zahlreiche Blätter, die an populäre Fernsehsendungen und Hörspiele anschließen; die *Simpsons, Benjamin Blümchen* und *SpongeBob Schwammkopf* warten beispielsweise mit eigenen Magazinen auf. Dabei profitieren die Magazine von eingeführten Marken. Den beteiligten Unternehmen bieten sie ein probates Mittel, Gewinne zu maximieren. Die Kinder wiederum orientieren sich an den ihnen bekannten Figuren und schätzen die Fortführung der Geschichten in unterschiedlichen Medien. Zudem gibt es Zeitschriften, die als Ableger etablierter Erwachsenenmagazine nunmehr auch Kinder und Jugendliche ansprechen; so beispielsweise das Nachrichtenmagazin *Der Spiegel,* das mit *DeinSpiegel* Kinder ab acht Jahren zu erreichen sucht, oder *GEOlino* als Ableger des Wissenschaftsmagazins *GEO* – ebenfalls für Kinder ab acht Jahren. Mit solchen Magazinen versuchen die Verlage, die junge Zielgruppe frühzeitig an eine Marke zu binden und den Nachwuchs zeitig an das gedruckte Wort zu führen. Im Zeitalter einer weit verbreiteten Onlinekultur ist das durchaus ambitioniert.

Schaut man sich den Markt der Kinderzeitschriften vor Ort in der Bahnhofsbuchhandlung oder im Kaufhaus an, fällt vor allem eins auf: Kinder werden hier oftmals durch bunte Gimmicks und kleine Mitgebsel als Konsumenten angesprochen. Dabei bedienen sich die Verlage der Interessen von Jungen und Mädchen ziemlich stereotyp. Während sich bei den Mädchen Plastikhandys, Haarreifen und Schlüsselanhänger in rosarot finden, sollen Abenteuer- und Actionspielzeuge die männliche Kauflust wecken. Dass sich die geschlechtsspezifischen Ansprachen in der Nutzung der Hefte widerspiegeln, verwundert kaum: Die KidsVerbraucherAnalyse der Egmont Mediengruppe erhebt regelmäßig die Zeitschriftennutzung der Kinder und stellt für das Jahr 2015 fest, dass bei den 6- bis 13-jährigen Jungen *Micky-Maus*-Hefte nach wie vor hoch im Kurs stehen, ebenso Fußball- und Star-Wars-Magazine. Bei den Mädchen hingegen führt das Pferdemagazin *Wendy* die Rangliste der beliebtesten Zeitschriften unangefochten an. Besonders beliebt sind zudem das *Barbie*-Magazin und die Zeitschrift *hey!,* ein jugendliches Star-Magazin aus dem Panini-Verlag.

Eltern beklagen die Begeisterung ihrer Kinder für Zeitschriften und vor allem für Comics oftmals aus pädagogischen Gründen und beschwören einzig das Buch als wertvolle Quelle einer anregenden Lektüre. Zudem befürchten sie, ebenso wie professionelle Erzieher, Bücher würden im Alltag von Kindern und Jugendlichen einen immer geringeren Stellenwert einnehmen und von Handy und PC gänzlich verdrängt werden. Diese sorgenvolle Annahme lässt sich durch die Daten der Medienforschung allerdings nicht bestätigen. Die alljährlich erscheinende Studie »Jugend, Information, (Multi)Media« des Medienpädagogischen Forschungsverbundes Südwest, kurz: JIM-Studie, zeigt, dass Jugendliche nach wie vor Bücher lesen – und das hat sich mit dem Einzug neuer Medien nicht geändert. Einschränkend sei allerdings vermerkt, dass Mädchen deutlich lieber lesen als ihre männlichen Altersgenossen.

Nun könnte man annehmen, es seien nur wenige besonders populäre Bücher, die in der Gunst des jungen Publikums weit oben stehen. Versuchen Sie sich selbst einmal in möglichen Assoziationen. Sicherlich gehört *Harry Potter* zu den ersten Buchtiteln, die Ihnen hier einfallen. Das Aufzählen weiterer Bestseller oder solcher Bücher, die den Lesealltag des Nachwuchses bestimmen, dürfte Sie einige Zeit in Anspruch nehmen. Und tatsächlich bezeichnet der Medienpädagogische Forschungsverbund die Bandbreite der von Jugendlichen im Jahr 2014 gelesenen Bücher als groß. Seinen Umfragen nach finden sich im Lektürerepertoire Heranwachsender Vertreter der Gegenwarts-Satire *(Er ist wieder da),* Science-Fiction-Werke *(Die Bestimmung),* Comic-Romane wie *Gregs Tagebuch* und populäre Fantasy-Geschichten wie der Vampir-Roman *Twilight.* Zu den beliebtesten Werken bei Jugendlichen gehören *Die Tribute von Panem,* daneben fraglos die Geschichten um den Zauberlehrling *Harry Potter,* zudem die Abenteuer des jungen *Eragon,* der an der Seite des blauen Drachens gegen die bösen Mächte kämpft.

An den meistgenannten Titeln zeigt sich die besondere Vorliebe Heranwachsender für das Fantasy-Genre, die sich durchaus mit den Widrigkeiten der Pubertät in Zusammenhang bringen lässt. Die jugendlichen Romanheldinnen und -helden werden mit Problemen konfrontiert, die sie gegen Widerstände lösen müssen. Daraus gehen sie gestärkt und selbstbewusst hervor und in der Regel gibt es ein Happy End, das Mut macht. Im übertragenen Sinne kann durchaus auch die Pubertät als eine solche Heldenreise gesehen werden, wie sie der Mythenforscher Joseph Campbell als ein Prinzip des Geschichtenerzählens entdeckt hat. Fiktionale Helden sehen sich ebenso wie Pubertierende neuen Herausforderungen gegenüber. Sind es bei Ersteren bösartige Gestalten und finstere

Widersacher, nehmen diese Rolle bei den Heranwachsenden mitunter schon einmal Eltern, Geschwister und Lehrer ein – zumindest aus subjektiver Sicht der jugendlichen Leser. Daneben sind es körperliche Veränderungen, bislang unbekannte Gefühle und Wünsche, die bei Heranwachsenden zu Irritationen führen können. Ihre besondere Attraktivität mögen die Romane aus solchen Parallelen ziehen.

Neben den Inhalten ist es die Verwertungsart der Bücher, die an die Mediennutzungsgewohnheiten Jugendlicher anschließt und damit zu ihrer Attraktivität beiträgt. So ziehen besonders solche Romane das Interesse der Jugendlichen auf sich, die multimedial auf unterschiedlichsten Medienplattformen ausgewertet werden: Ein erfolgreicher Roman wird anschließend verfilmt, umgekehrt stellt manchmal der Film die Vorlage für das literarische Werk dar. Die Heldinnen und Helden finden sich als Protagonisten in Computerspielen wieder, bei denen die Spieler selbst in deren Rollen schlüpfen können. Via Facebook werden die Fans mit neuesten Informationen über Filmpremieren, Darsteller und das Merchandising versorgt. Wie wichtig die interaktiven Portale hier sind, belegen die Nutzungsdaten eindrücklich. Die Facebook-Seite der *Twilight*-Saga verzeichnet weltweit gegenwärtig beinahe 45 Millionen »Gefällt mir«-Angaben. Bei *Harry Potter* haben über 72 Millionen User den »Gefällt mir«-Button gedrückt. Die vielfältigen Formen der Verwertung bieten den Jugendlichen unterschiedliche Zugänge zu ihren Themen und Romanheldinnen und -helden, geben ihnen die Möglichkeit, sich mit anderen Fans auszutauschen und zu vernetzen, und schaffen eigene Medienwelten, in die jeder seinen Vorlieben entsprechend eintauchen kann. Der gedruckte Roman kann seinen Stellenwert in diesem Geflecht bislang aber immer noch behaupten.

Während sich die Jugendlichen eigenständig neuen Lesestoff erschließen, sind es bei Kindern in der Regel die Erwachsenen, die den Weg zum Buch ebnen. Hier finden vor allem die Kinderbuchklassiker Eingang in die Lesewelten des Nachwuchses. Geschichten von Astrid Lindgren und Otfried Preußler haben sich über Generationen bewährt, sodass Eltern einerseits vor unbekannten Bücherwelten »schützen«, andererseits mit dem Nachwuchs in Nostalgie eigene Kindheitserinnerungen aufleben lassen. Dagegen haben es neue Stoffe auf dem Buchmarkt schwer, ihr Publikum zu finden. Einem ähnlichen Problem sieht sich im Übrigen das Kino gegenüber, wo Kinder- und Jugendfilme ebenfalls davon profitieren, wenn der Zielgruppe ihre literarischen Vorlagen bereits bekannt sind. Originalstoffe, also Geschichten, die eigens für das Kino entwickelt werden, haben es auf dem deutschen Kinderkinomarkt nicht leicht. Erfolgreiche Kinderfilm-Reihen wie »Die wilden Kerle«, »Die Vorstadtkrokodile« oder »Hanni und Nanni« machen das Prinzip deutlich und belegen den Stellenwert eingeführter Marken im Kinderkino. Umgekehrt kommt es höchst selten vor, dass ein Originalstoff auf der Leinwand zum Kassenmagneten avanciert. Das muss keineswegs der Qualität der Angebote geschuldet sein. Die Chancen originärer Stoffe hängen auch vom Mut und der Neugier der Eltern ab, sich mit innovativen, möglicherweise irritierenden, ganz sicher aber unkalkulierbaren Themen auseinanderzusetzen.

Kommen wir zurück zum Buch und schauen, welche neuen Entwicklungen den Markt in jüngster Zeit bestimmen. Auch hier sind technische Neuerungen von Bedeutung. Wie in vielen anderen Medienbereichen hat die Digitalisierung auf unterschiedliche Weise dazu beigetragen, den Markt zu verändern. Einerseits nimmt sie Einfluss auf die Verbreitung. Verlage beklagen, das Wissen aus dem Internet führe zu einem Rückgang der Nachfrage bei Kinder- und Jugendsachbüchern. Andererseits bringen neue technische Endgeräte neue Verbreitungswege und -formen mit sich. Tablet-PCs und Smartphones erweitern die klassischen Printangebote auf unterschiedliche Weise. Buchverlage bieten ebenso wie

Abb. 1   Hotzenplotz

Quelle: https://itunes.apple.com/de/app/hotzenplotz/id551578695?mt=8

freie Entwickler Bilderbuch-Apps an. Sie erweitern die Geschichten aus den Büchern um Musik oder Spiele, mit denen
die Kinder zum Mitmachen animiert werden sollen. In diesem Sinne hat der Thienemann-Esslinger Verlag beispielsweise passend zum Kinderbuchklassiker *Der Räuber Hotzenplotz*
eine Mobile App konzipiert, die man sich kostenpflichtig auf
das iPad oder das iPhone herunterladen kann. Hier wird die
vom Schauspieler Armin Rhode eingesprochene Geschichte mit animierten Szenen bebildert und immer wieder durch
kleine Aufgaben und Geschicklichkeitsspiele unterbrochen:
Mal müssen die Kinder Gegenstände im Haus des Zauberers
Petrosilius Zwackelmann finden, wahlweise per Bildschirm-
bewegung verhindern, dass Kasperls Großmutter an einer
Wolke hängen bleibt, oder den Räuber selbst in einem Such-
spiel finden. Die Kommentare der Rezensentinnen und Re-
zensenten schwanken zwischen großer Begeisterung und großer Enttäuschung. Neben der grundsätzlichen Befürwortung
oder Ablehnung solcher Angebote gibt es offensichtlich unterschiedliche Kriterien, nach denen sich die Einschätzung

ihrer Qualität richtet. Beispielhaft verweist die Stiftung Lesen hier auf die Bedienbarkeit und Navigation, das Verhältnis und die Kongruenz von spielerischen und erzählerischen Anteilen sowie die flexible Handhabung, wenn sich die Vorlesefunktion bei Bedarf auch einmal abschalten lässt.

In Studien zur Nutzung solcher Angebote fand die Stiftung Lesen heraus, dass Tablets in Familien mit Kindern inzwischen weit verbreitet sind und – sofern vorhanden – von beinahe jedem dritten Haushalt tatsächlich auch für Bilder- oder Kinderbuch-Apps genutzt werden. Die elektronische Anwendung ersetzt das klassische Bilderbuch aber nicht. Während sich Kinder mit den Mobile Apps eher unterwegs, im Auto, in der Bahn oder zwischendurch beschäftigen, sind Bilderbücher Teil des häuslichen Familienlebens. Die Gute-Nacht-Geschichte wird immer noch vorgelesen und offensichtlich halten Mütter und Väter das Buch nach wie vor für besonders gut geeignet, um eine liebevolle Einschlafsituation zu gestalten.

Neue Medien erobern die Kinderzimmer

Die medienwissenschaftliche Forschung, die sich auf Kinder und Jugendliche konzentriert, hat sich in den vergangenen Jahren vor allem mit der Nutzung neuer Medien beschäftigt. Hier geht es um PC und Internet, ebenso um den Gebrauch von Handy und Smartphone. Unterschiedliche Studien belegen den besonderen Stellenwert, den diese Medien im Alltag von Kindern und Jugendlichen einnehmen. Das spiegelt sich in der Ausstattung des Haushaltes, im Besitz eigener Geräte, vor allem in der zeitlichen Dauer der Onlinenutzung wider. Die ist in den vergangenen Jahren rapide angestiegen. Für Jugendliche sind PC und Smartphone unverzichtbar geworden und sie werden von ihnen entsprechend vielfältig genutzt. Mit ihnen verbringen sie ihre Freizeit, sie nutzen sie darüber hinaus, um etwas für die Schule zu recherchieren und ihre Hausarbeiten zu erledigen. Interessant ist, dass sich die Zugangswege ins Internet verändert haben. Der Medienpädagogische Forschungsverbund Südwest stellt in seinen regelmäßigen Befragungen fest, dass Jugendliche immer häufiger über mobile Endgeräte wie Handy und Smartphone online gehen. Damit sind sie ständig erreichbar, und das hat nicht nur Vorteile. Einerseits können sie jederzeit und an jedem Ort Nachrichten senden und empfangen, andererseits sind sie dadurch für andere stets verfügbar. Diesem Dilemma sehen sich aber nicht nur die jungen Nutzer gegenüber. Selbst Erwachsene sind oftmals nicht in der Lage, das Smartphone abzuschalten und eingehende Nachrichten zu ignorieren, die das kleine Gerät über Bild- und Tonsignale vermeldet. Damit wirkt sich die Digitalisierung unmittelbar auf unseren Alltag und unser kommunikatives Handeln aus.

Social Networks

Eine Besonderheit neuer Nutzungsformen, die sich aus der Digitalisierung der Medienkommunikation ergibt, liegt in der Möglichkeit, Medieninhalte nicht ausschließlich passiv zu nutzen, sondern noch einfacher aktiv zu gestalten. In öffentlichen Diskussionen heißt es hier häufig, der User würde zum Produzenten, und um beide Formen des Medienhandelns einzuschließen, findet sich die Bezeichnung *Produser,* die auf die Wechselseitigkeit von Aktivität und Passivität verweist. Kinder und vor allem Jugendliche sind in diesem Sinne immer wieder auch Produser und nutzen das Internet auf vielfältige Weise. Hier spielt die Möglichkeit, sich mit anderen in sozialen Netzwerken auszutauschen, eine besondere Rolle. Dabei handelt es sich um Online-Gemeinschaften, deren Mitglieder mehr oder weniger lose miteinander verbunden sind. Voraussetzung für die Teilhabe an den Netzgemeinschaften ist ein eigenes Online-Profil, mit dem sich die angemeldeten Mitglieder anderer präsentieren. In der Regel steht es ihnen frei zu bestimmen, welche Informationen sie hier preisgeben wollen. Fotos können den Profilnamen ergänzen, ebenso Informationen über Hobbys und biografische Angaben. Über ihr Profil treten die Mitglieder miteinander in Kontakt, tauschen sich via Chat oder Pinnwand aus und lassen Freunde und Bekannte mehr oder weniger intensiv an ihrem Leben teilhaben. Die weltweit größte Verbreitung hat das Netzwerk Facebook, das vor mehr als zehn Jahren gegründet wurde. Andere populäre Plattformen sind die Facebook-Tochter Instagram, bei der es in erster Linie darum geht, Fotos mit anderen zu teilen, oder die Nachrichtenplattform Twitter, deren Nutzerinnen und Nutzer sich primär über kurze Textnachrichten verständigen.

Solche sozialen Netzwerke sind schon für Kinder attraktiv. Die Studien des Medienpädagogischen Forschungsverbundes aus dem Jahr 2014 zeigen, dass der Zuspruch vom sechsten bis zum zwölften Lebensjahr rasant ansteigt. Über ein Drittel der 10- bis 11-Jährigen sind in sozialen Netzwerken angemeldet, bei den 12- bis 13-Jährigen sind sogar 70 Prozent Mitglied einer Online-Community. Heranwachsende nutzen soziale Netzwerke heutzutage ganz selbstverständlich, um sich auszutauschen und zu verabreden, um Freundschaften zu pflegen und auf dem Laufenden zu bleiben. Dass sie dabei zeitlich und lokal unabhängig sind, macht einen Reiz der neuen Kommunikationsformen aus. Sie können sich mit ihren Freunden weltweit austauschen und dabei gleichzeitig neue Kontakte erschließen, die ihnen in ihrem Alltag so nie zugänglich wären. Das eigene Profil erlaubt es ihnen, sich je nach Stimmung unterschiedlich zu präsentieren und verschiedene Formen der Selbstdarstellung auszuprobieren. Die Zustimmung der anderen, die diese in Form von »Likes« zum Ausdruck bringen – bei Facebook geht das über den »Gefällt mir«-Button –, kann ihr Selbstbewusstsein stärken. Umgekehrt müssen Heranwachsende lernen, eine solche Form der Anerkennung nicht allzu wichtig zu nehmen und nicht um jeden Preis gefallen zu wollen.

Schon bei Kindern ist Facebook klarer Favorit unter den sozialen Netzwerken. Dass Facebook selbst die Nutzerin bzw. den Nutzer dazu verpflichtet, sich erst ab einem Alter von 13 Jahren mit einem Online-Profil zu registrieren, scheint in der Praxis demnach eher als gut gemeinter Rat verstanden zu werden denn als unumstößliche Zugangsvoraussetzung. Viele Kinder halten sich daran offensichtlich nicht, und Facebook selbst hat keine wirksamen Kontrollmechanismen, die hier greifen. Damit sind insbesondere für die jüngeren Nutzerinnen und Nutzer Risiken verbunden, auf die öffentliche und medienpädagogische Debatten immer wieder verweisen. Kinder müssen erst einmal lernen, welche Informationen sie in sozialen Netzwerken besser nicht teilen oder wo die Grenzen der Selbstdarstellung liegen. Außerdem können »falsche« Freunde ein Problem sein. Wenn Kinder im Internet durch andere belästigt, beleidigt oder ausgegrenzt werden, finden Prozesse statt, die mit dem Begriff »Cybermobbing« belegt sind. Ein solches Verhalten findet sich zwar auch im alltäglichen Miteinander auf dem Schulhof oder in der Clique. Durch das Internet bekommt es aber insofern eine neue Qualität, als sich die Täterinnen und Täter hinter einem falschen Namen verstecken können und die Belästigungen unabhängig von Zeit und Ort sind. Zudem können viele Menschen ein solches Verhalten mitverfolgen und die Betroffenen als Opfer von Beleidigungen stigmatisieren. Kinder müssen solche Gefahren erkennen, wissen, wie sie damit umgehen und als aktive Nutzer selbst Verantwortung für ein angemessenes Handeln im Netz übernehmen.

Webvideo-Portale

Soziale Netzwerke bieten die Möglichkeit zum Austausch und zur Selbstdarstellung vor allem über Kommentare und Fotos. Webvideo-Portale gehen noch einen Schritt weiter. Hier sind Filme zu sehen, die Ernsthaftes ebenso wie Skurriles präsentieren, verschiedenste Inszenierungsweisen bieten und auf eine überaus heterogene Zuschauerschaft zielen. In der Regel handelt es sich um kurze Clips, die unterschiedliche Personen oder Institutionen einstellen und die dann von anderen kommentiert werden. Dass die Produktion von Kurzfilmen inzwischen nicht mehr auf große und teure Kamerasysteme angewiesen ist, erleichtert die Teilhabe an solchen Portalen erheblich. Bereits Kinder und Jugendliche können mit kleinen Kameras oder dem eigenen Smartphone Filme drehen, die sie anderen dann über das Internet zugänglich machen. Die vereinfachten Produktionsbedingungen sind eine wesentliche Voraussetzung für den Erfolg der Videoportale, von denen YouTube wohl das bekannteste ist. Lange Zeit stellte sich das Portal als Sammelsurium von Videoclips dar, das nur schwer zu systematisieren war. Inzwischen hat sich eine Struktur herauskristallisiert, die sich zunehmend über die Protagonisten der Plattform ergibt. Wenn ein »YouTuber« seine Videos in einem eigenen Kanal anbietet, gibt er Zuschauern gleichzeitig die Gelegenheit, diesen Kanal zu abonnieren, und davon machen viele YouTube-Nutzer auch Gebrauch.

Zunehmend laufen einzelne YouTuberinnen und YouTuber etablierten Popmusikern, Schauspielern oder Sportlern den Rang ab und nehmen bei Kindern und Jugendlichen den Status von Berühmtheiten ein. Ihre Attraktivität liegt häufig in den Themen begründet, vor allem aber auch darin, dass sie mit ihren selbst gedrehten Videos – oftmals im eigenen Zimmer – besonders authentisch wirken. Kindern und Jugendlichen erscheinen sie gleichermaßen nahbar wie verfügbar, zumal sie über unterschiedliche Kommunikationskanäle erreichbar sind. Die YouTuber selbst rufen ihre Zuschauer immer wieder dazu auf, Kommentare zu schreiben, ihre Meinung zu posten und nutzen soziale Netzwerke wie Facebook, um mit ihren Fans in Kontakt zu treten. Zu den populärsten der Szene gehört beispielsweise Erik Range, der unter dem Namen Gronkh mit »Let's Plays« bekannt geworden ist. Bei »Let's Plays« können die Zuschauer den YouTuber grob gesagt dabei beobachten, wie er ein Computerspiel spielt. Durch seine Kommentare wird das subjektive Spielerlebnis nachvollziehbar. Die mehr als drei Millionen Abonnenten, die Gronkh auf YouTube folgen, zeigen, wie erfolgreich das Format ist. Überdies sind die Jungs von Y-Titty ein gutes Beispiel für die steilen Karrieren mancher YouTube-Akteure. Die drei jungen Männer wurden durch ihren Comedy-Kanal bekannt und konnten sich recht erfolgreich als Musiker etablieren. Zum Entsetzen seiner zahllosen Fans löste sich das Trio Ende des vergangenen Jahres wieder auf; es sei an der Zeit, neue und getrennte Wege zu gehen, so begründeten die Akteure ihren Ausstieg. Neben Gaming und Comedy sind Beauty-Clips besonders bei weiblichen Fans beliebt und auch Nachrichtenformate und Lern-Tutorials finden ihre Anhänger. Mit diesen Angeboten zeichnet sich eine Entwicklung ab, die perspektivisch von Bedeutung sein wird. Das gilt nicht nur für die Nutzung der Plattform, sondern ebenso für deren Kommerzialisierung.

Der Erfolg der YouTuber und die Aussicht, damit Geld zu verdienen, haben zur Gründung von Multi-Channel-Netzwerken geführt (MCN). Sie haben es sich zur Aufgabe gemacht, junge Talente zu fördern, sie dabei gleichzeitig professionell zu vermarkten und bei der Suche nach Werbepartnern zu unterstützen. Zudem vernetzen sie die YouTuber untereinander und sorgen damit für einen kontinuierlichen Austausch. Die »Monetarisierung« der Videos erfolgt auf unterschiedliche Weise. Werbeclips werden vor- oder zwischengeschaltet und zu bewerbende Produkte gegen Bezahlung integriert. Auftritte im Fernsehen, ein erster Kinofilm der Szene-Protagonisten, CD- oder T-Shirt-Verkäufe sorgen für zusätzliche Einnahmen. Die Gruppe derer, die von solchen Gewinnen tatsächlich leben kann, ist überschaubar. Neue Talente haben es schwer, sich im Markt zu behaupten und Aufrufzahlen zu generieren, die sie aus der Masse des Angebotes herausheben. In der Summe gesehen sind Kinder und Jugendliche in diesem System tatsächlich immer noch eher Rezipienten und stellen selten eigene Videos ins Netz. Ihre aktive Teilnahme beschränkt sich mehrheitlich darauf, die Videos zu liken, also ihr Gefallen zum Ausdruck zu bringen, und sie über die sozialen Netzwerke mit anderen zu teilen. Hin und wieder schreiben sie Kommentare und versuchen, darüber mit den YouTubern in Kontakt zu treten. Dabei dürfte es vielen von ihnen schwer fallen, die ökonomischen Strategien im Webvideo-Markt wirklich zu durchschauen und die Geschäftsmodelle hinter der Clip-Kultur zu erkennen.

Schon heute steht fest, dass Webvideos auch künftig zur Mediennutzung Heranwachsender gehören werden. Die ARD/ ZDF-Onlinestudie 2014 zeigt, dass Jugendliche und junge Erwachsene überdurchschnittlich häufig Bewegtbild im Netz schauen (s. Tab. 1 auf S. 35). Im Jahr 2014 haben sich insgesamt 70 Prozent der 14- bis 29-Jährigen einmal oder mehrmals in der Woche ein Webvideo angesehen. Die Vorteile, die ihnen das Internet hier gegenüber dem Fernsehen bietet, sehen sie vor allem in der zeitlichen Flexibilität sowie in der Möglichkeit, das »Programm« ganz individuell und damit den eigenen Interessen entsprechend zusammenzustellen. Den Daten der Studie zufolge ist es ihnen dabei besonders wichtig, sich zu entspannen. Dass Jugendliche das bei humoristischen Inhalten offensichtlich besonders gut können, zeigen die Daten ebenso wie die erfolgreichen Angebote im Netz: Slapstick, Ironie und Witz stehen bei den populären Akteuren der Branche hoch im Kurs.

Tab. 1 Bewegtbildnutzung 2013 und 2014 (einmal wöchentlich oder öfter, in Prozent)

	Gesamt		14–29 Jahre	
	2013	2014	2013	2014
Bewegtbild (netto) inkl. »live fernsehen«	43	45	76	79
Fernsehsendungen oder Ausschnitte von Fernsehsendungen zeitversetzt im Internet ansehen	13	14	24	26
Fernsehsendungen live im Internet sehen, egal ob ganz oder teilweise	8	8	13	13
abonnierte Videopodcasts aus dem Internet	4	6	10	16
Video-Streamingdienste oder Kino auf Abruf	4	4	6	11
Videoportale im Internet	32	34	65	70
Sendungen in Mediatheken der Fernsehsender im Internet	9	9	15	17

Basis: Deutsch sprechende Onlinenutzer ab 14 Jahren (2014: n = 1 434; 2013: n = 1 389)

Quelle: ARD/ZDF-Onlinestudie 2014; Wolfgang Koch/Bernd Liebholz (2014). Bewegtbildnutzung im Internet und Funktionen von Videoportalen im Vergleich zum Fernsehen. Media Perspektiven 7-8, S. 399.

Mobile Games

Computerspielen stehen Eltern häufig skeptisch gegenüber. Lange Zeit hatten Games den Ruf, ausschließlich aus Gewaltinszenierungen zu bestehen und das Suchtverhalten zu fördern. Solche Annahmen allerdings sind wenig differenziert und heute kaum mehr vorherrschend. Inzwischen gelten Computerspiele sogar als Kulturgut: Vor mehr als sieben Jahren wurde der Bundesverband der Entwickler von Computerspielen als Mitglied in den Deutschen Kulturrat aufgenommen. Wenig später fand erstmals die Verleihung des Deutschen Computerspielpreises statt, der vom Bundesministerium für Verkehr und digitale Infrastruktur mitgetragen wird. Ganz offensichtlich sind die Games in der Mitte der Gesellschaft angekommen.

Ihre Entwicklung und Nutzung zu beschreiben würde den hier vorgegebenen Rahmen bei Weitem sprengen. Zumal der Begriff »Computerspiele« nur einen Bruchteil dessen abdeckt, was gemeinhin damit in Verbindung gebracht wird. Auch liegen die klassischen Offline-Spiele bei Kindern und Jugendlichen inzwischen kaum mehr im Trend. Das können Studien des Medienpädagogischen Forschungsverbundes Südwest anschaulich belegen. Handy-Spiele und Online-Games sind weitaus populärer, was fraglos auch der Verbreitung entsprechender Medien geschuldet ist. Üblicherweise werden solche Spiele als Mobile Games bezeichnet, die sich ihre Nutzer – in der Regel über das Internet – auf mobile elektronische Geräte wie eben das Smartphone oder Tablet herunterladen können. Der Vorteil liegt in der ständigen Verfügbarkeit der Spiele und darin, dass sie vom Ort der Nutzung unabhängig sind. Unternehmen und Spieleentwickler haben auf den Trend mit einem beinahe unüberschaubaren Angebot an Spielen reagiert.

Während sich Jungen grundsätzlich eher für Computer- und Konsolenspiele begeistern, sind Handy-Games bei Jungen und Mädchen gleichermaßen beliebt. Die JIM-Studie 2014 konnte gleichzeitig aber auch unterschiedliche inhaltliche Interessen der Geschlechter nachweisen. So gehört bei Jungen beispielsweise »Minecraft« zu den beliebtesten Spielen. In diesem »Open-World-Spiel« erschafft der Spieler eigene Welten und Landschaften, in denen er sich frei bewegen und seiner Kreativität freien Lauf lassen kann. Der Multiplayer-Modus ermöglicht es mehreren Spielerinnen und Spielern, sich in einer gemeinsamen Welt zu treffen. Hier können sie miteinander Projekte verwirklichen oder in Kämpfen gegeneinander antreten. Die mobile Version von »Minecraft« ist allerdings nur eine von vielen. Ungleich populärer ist das Spiel auf anderen Plattformen wie PCs oder Konsolen. Mädchen favorisieren Smartphone-Spiele wie »Candy Crush«, ein Puzzlespiel, bei dem Süßigkeiten nach verschiedenen Prinzipien zu sortieren sind, oder das weit verbreitete »Quizduell«. Bei diesem Spiel messen sich die Anwender in ihrem Allgemeinwissen auf Themenfeldern wie Kunst, Politik und Kino. Die Chat-Funktion erlaubt es ihnen darüber hinaus, Kontakt zu befreundeten wie anonymen Mitspielerinnen und Mitspielern aufzunehmen, Spielergebnisse zu diskutieren und virtuell miteinander zu plaudern.

Die mobilen Spiele sind inzwischen auch bei vielen Erwachsenen beliebt. Nicht selten begeistern sich Eltern selbst für die populären Games ihrer Kinder. Bei ihren Kindern befürchten sie dennoch, dass die Spiele negative Auswirkungen haben. So pauschal und grundsätzlich ist das sicherlich falsch. Wichtig ist es, auf die Alterskennzeichnungen zu achten, die allerdings von den Herstellern selbst stammen; für mobile Spiele ist die Unterhaltungssoftware Selbstkontrolle (USK) nicht zuständig. Daher sollten Eltern eigenständig prüfen, ob das Spiel den eigenen Ansprüchen genügt und dem Alter ihrer Sprösslinge entspricht. Daneben sollten sie hellhörig werden, wenn Onlinespiele weitere finanzielle Investitionen fordern. Das ist zum Beispiel bei kostenpflichtigem Bonusmaterial der Fall, das Spielvorteile in Form von zusätzlichen Gegenständen, Leben und Fähigkeiten verschafft oder es schlicht ermöglicht, schneller voranzukommen. Außerdem sollte sich ihr Augenmerk auf die Chat-Kommunikation richten, die vor allem Spiele begleitet, in denen mehrere Personen online miteinander oder gegeneinander antreten. Ältere Kinder sollten darauf vorbereitet sein, hier ausschließlich anonym in Erscheinung zu treten und keine persönlichen Informationen preiszugeben.

Die Sorge, Computerspiele könnten süchtig machen, ist in der Regel unbegründet. Wenn Kinder und Jugendliche neben dem Spiel noch andere Interessen haben, ihren Freundeskreis pflegen, die Schule nicht vernachlässigen und das Spiel nicht zum einzigen Lebenssinn gerät, ist das Freizeitvergnügen unbedenklich. Eine zeitliche Begrenzung der Spieldauer ist dennoch sinnvoll. Wenn diese Bedingungen gegeben sind, können Heranwachsende von solchen Spielen durchaus profitieren. Sie verschaffen Spielgenuss, bieten Erfolgserlebnisse und die Erfahrung, selbst etwas bewirken zu können.

Fernsehen – in oder out?

Das umfassende Medienangebot, dem sich Heranwachsende gegenübersehen, und die enorme Bedeutung des Internets lassen die Frage aufkommen, ob das klassische Fernsehen für die jüngere Generation ausgedient hat. Lassen sich Kinder und Jugendliche von den Inhalten der TV-Sender überhaupt noch begeistern? Die Daten der Medienforschung geben hier recht eindeutige Antworten. Fragt man jüngere Kinder selbst nach ihrem Lieblingsmedium, steht zumindest bei den Grundschülern das Fernsehen nach wie vor ganz oben. Der Medienpädagogische Forschungsverbund Südwest will von Kindern und Jugendlichen regelmäßig wissen, auf welches Medium sie nur ungerne verzichten würden. Daraus lässt sich ableiten, wie wichtig das jeweilige Medium für die Kinder ist, ganz unabhängig davon, ob sie es tatsächlich besitzen oder nicht. In Befragungen aus dem Jahr 2014 steht das Fernsehen bei den Sechs- bis Elfjährigen nach wie vor an erster Stelle. Der Zuspruch sinkt aber mit steigendem Alter: Während für 80 Prozent der Sechs- bis Siebenjährigen das Fernsehen besonders wichtig ist, sind es bei den Zehn- bis Elfjäh-

Abb. 2 Medienbildung 2014 (Angaben in Prozent)

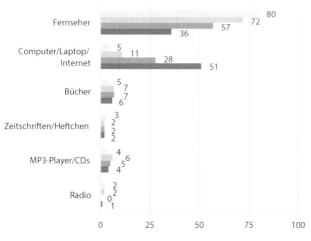

Medienbindung
– Am wenigsten verzichten kann ich auf … –

Basis: alle Kinder, n = 1 209

Quelle: KIM-Studie 2014, S. 16.

rigen mit 57 Prozent nur noch etwas mehr als die Hälfte aller Kinder. Ab zwölf Jahren schwindet die Begeisterung für das Fernsehen dann noch einmal deutlich: Die neuen Medien lösen das ehemalige Lieblingsmedium als Favorit der jungen Zielgruppe ab: 36 Prozent der älteren Grundschülerinnen und Grundschüler könnten sich nur schwer vom Fernsehen trennen, Computer und Internet hingegen sind für 51 Prozent von ihnen unverzichtbar.

Mit Beginn der Pubertät büßt das Fernsehen also an Bedeutung ein und dieser Trend setzt sich im Jugendalter fort. Die Daten der JIM-Studie belegen das geringe Interesse der

Teenager am Fernsehen. Den 13- bis 19-Jährigen ist das Internet besonders wichtig, es folgen Musik hören und Handynutzung, und selbst auf das Radio und das Lesen von Büchern würden die Jugendlichen weniger gerne verzichten als auf die Inhalte des klassischen TV-Programms. Die Bedeutung des Fernsehens hat für sie also deutlich nachgelassen.

Den Zugang zum Fernsehen finden Kinder heute übrigens schon in einem sehr frühen Alter: Durchschnittlich gesehen findet der erste Kontakt mit dem Fernsehgerät bereits im Alter von zwei Jahren statt. Entsprechend nehmen medienwissenschaftliche Studien Kinder schon ab zwei Jahren als Medienrezipientinnen und -rezipienten in den Blick und setzen sich mit der Frage auseinander, welche Medien auch für Kleinkinder und Vorschüler unverzichtbar sind. Da die jungen Nutzerinnen und Nutzer kaum selbst Auskunft darüber geben können, werden in der Regel die Eltern gefragt, welches Medium dem Kind ihrer Meinung nach besonders wichtig ist. Der Medienpädagogische Forschungsverbund fand auf diese Weise heraus, dass Kleinkinder im Alter von zwei bis drei Jahren (Bilder-)Bücher besonders gerne mögen. Bereits mit vier bis fünf Jahren verliert das Printmedium jedoch an Zuspruch und muss den ersten Platz in der Beliebtheitsskala an das Fernsehen abtreten. Für mehr als die Hälfte aller Vorschüler steht das TV unangefochten auf Platz eins. Diese Beobachtungen lassen sich aber nicht auf alle Kinder gleichermaßen und pauschal übertragen. Unterschiede in der Zuwendung finden sich beispielsweise je nach Bildungsgrad der Eltern. Je niedriger die formale Bildung der Eltern ist, umso höher schätzen sie die Bedeutung des Fernsehens für ihre Kinder ein. Umgekehrt zeigen sich Eltern mit höherer formaler Schulbildung deutlich eher geneigt, den Büchern einen größeren Stellenwert zuzusprechen.

Kindersender

Während das Fernsehen also bei jüngeren Zuschauerinnen und Zuschauern ausgesprochen beliebt ist, bleibt die Zahl der Fernsehprogramme, die sich explizit an Kinder richten, recht überschaubar. In der Gunst des jungen Publikums selbst stehen der Kinderkanal KiKA und SuperRTL. Der KiKA wurde 1997 als Gemeinschaftsprogramm der ARD-Landesrundfunkanstalten und des ZDF ins Leben gerufen. Sein werbefreies Programm wird allein durch Rundfunkbeiträge finanziert. Als Kinderkanal wendet er sich nach eigenen Angaben an 3- bis 13-jährige Zuschauer und sendet in der Zeit von 6 bis 21 Uhr. Das Programmangebot erstreckt sich von Animationsserien bis hin zu Shows. Einen besonderen Stellenwert nehmen beim KiKA die Wissensmagazine ein, mit denen der öffentlich-rechtliche Rundfunk seinen Bildungsauftrag auch im Kinderprogramm verfolgen will, sowie die populären Kindernachrichten »logo!«.

Die Hitliste der bei Kindern beliebtesten Sendungen wurde im Jahr 2014 eindeutig vom KiKA dominiert – nimmt man den Zeitraum der Fußball-WM einmal aus. Die Medienforscher Sabine Feierabend und Walter Klingler konnten 2015 weitere interessante Ergebnisse aufzeigen, auf die ich mich in den folgenden Absätzen beziehen werde. So ergaben die Daten der Gesellschaft für Konsumforschung (GfK), die im Auftrag mehrerer Rundfunkanstalten die Fernsehnutzung untersucht, dass die Folgen einer einzigen Serie acht Plätze der Top-10-Rangliste belegen. Eltern von Grundschülern mögen den Titel erahnen, allen anderen sei verraten, dass es sich um die französische Animationsserie »Yakari« handelt, die auf Grundlage der gleichnamigen Comic-Reihe produziert wurde. Die Reihe erzählt die Geschichte eines Indianerjungen, der mit seinem Pferd »Kleiner Donner« zahlreiche Abenteuer zu bestehen hat. Offensichtlich kommt das bei jüngeren Kindern gut an. Dass der KiKA mit seinem Programm

insgesamt erfolgreich ist, bestätigt ein Blick auf den Marktanteil bei der Zielgruppe. Der Marktanteil misst, wie viele
der Zuschauer, die zu einem bestimmten Zeitpunkt fernsehen, ein bestimmtes Programm einschalten und wie groß damit dessen Anteil am Gesamtmarkt ist. Den Daten der GfK-
Zuschauerforschung nach erreichte der KiKA bei den 3- bis
13-Jährigen im Jahr 2014 einen Marktanteil von 15,4 Prozent;
dabei ist der Sender bei den Mädchen insgesamt noch etwas
beliebter als bei den Jungen. Deutliche Unterschiede zeigten
sich beim Alter der jungen Zuschauerinnen und Zuschauer.
Für das KiKA-Programm begeistern sich vor allem die jüngeren Kinder. Bereits mit acht bis neun Jahren wenden sich die
Grundschüler dann von den Angeboten des öffentlich-rechtlichen Kinderfernsehens ab; spätestens ab dem zwölften Lebensjahr sind Pro7 und RTL deutlich spannender. Populäre
Casting-Shows wie »Deutschland sucht den Superstar«, Sit-
coms wie »Two and a Half Men« und Soaps wie »Gute Zeiten, schlechte Zeiten« ziehen nunmehr das Interesse der älteren Kinder und Jugendlichen auf sich.

SuperRTL fällt es ein wenig leichter, seine Stellung bei den
älteren Kindern und Jugendlichen zu behaupten. Insgesamt
gesehen lag der privatkommerzielle Sender mit einem durchschnittlichen Marktanteil von 17,5 Prozent im Jahr 2014 in der
Gunst der jungen Zuschauer noch vor dem Kinderprogramm
von ARD und ZDF. Der private und werbefinanzierte Sender SuperRTL gehört zur Hälfte der RTL-Gruppe, die mehrheitlich wiederum ein Unternehmen des Bertelsmann-Kon-
zerns ist. Die andere Hälfte ist im Besitz der Disney Company.
SuperRTL zeigt tagsüber ein Kinderprogramm; das Haupt-
abendprogramm, die sogenannte Primetime, soll nach eigenen Angaben vor allem Frauen und Familien als Zuschauer
ansprechen. Damit greift SuperRTL die Gewohnheit vieler
Kinder auf, den Tag beim gemeinschaftlichen Fernsehen mit
den Eltern ausklingen zu lassen. Wie ein Blick in die aktuelle Programmzeitschrift zeigt, erstrecken sich die entsprechen-

den Angebote in den Abendstunden von Filmklassikern über Doku-Serien und Comedy-Programme bis hin zum US-amerikanischen Zeichentrick.

Schließlich gehört Nickelodeon zu den inzwischen langjährig eingeführten Kinderprogrammen, die beim jungen Publikum beliebt sind. Als Ableger des gleichnamigen US-amerikanischen TV-Anbieters bietet Nickelodeon Deutschland seit 2005 sein Programm an. In den neunziger Jahren war Nickelodeon, das zum US-amerikanischen Unternehmenskonzern Viacom gehört, schon einmal in Deutschland zu empfangen, wurde dann aber mangels Erfolg zunächst wieder eingestellt. Bei der Altersgruppe der 3- bis 13-Jährigen erreichte das werbefinanzierte Programm im Jahr 2014 einen durchschnittlichen Marktanteil von 7,5 Prozent. Vor allem die Acht- bis Elfjährigen schätzen den Sender, der sich auf Serien und Shows konzentriert. Zudem ist Nickelodeon bei den Jungen beliebter als bei den Mädchen, was sicherlich auch auf deren Vorliebe für populäre US-amerikanische Zeichentrickserien wie »Cosmo & Wanda« oder »SpongeBob Schwammkopf« zurückzuführen sein dürfte.

Der Disney Channel ist hierzulande erst seit Kurzem frei verfügbar. Hier stehen ebenfalls Kinder, Familien und ein eher weibliches Publikum im Mittelpunkt. Wie die Daten der Medienforschung zeigen, ist Disney Deutschland bei Kindern mit einem Marktanteil von sieben Prozent recht gut eingeführt. Dass er damit vor allem in Konkurrenz zu SuperRTL tritt, dessen Miteigner ja ebenfalls der Disney-Konzern ist, kann mittelfristig zu einer weiteren Verschiebung der Marktanteile führen.

Von den digitalen Pay-TV-Anbietern oder Kabelbetreibern werden weitere Kinderprogramme ausgestrahlt, freilich mit deutlich geringerer Reichweite. Ihre Angebote sind allerdings weniger vielfältig, als es die Anzahl der Anbieter vermuten ließe. Mit Disney Junior, Disney XD und Disney Cinemagic sind drei Programme des Disney-Konzerns vertreten, dessen Produktionen hier eine weitere Plattform finden. Nicktoons, Cartoon Network und Boomerang konzentrieren sich auf Serien und hier vor allem auf Zeichentrick. Die Your Family Entertainment AG mit Sitz in München, Produzent und Lizenzhändler von Kinder- und Familienprogrammen, schließlich zeichnet für Fix&Foxi TV und RIC verantwortlich, die erst seit wenigen Jahren im Kinderfernsehmarkt mitspielen.

Es bleibt abzuwarten, wie sich der Markt der Kinderprogramme angesichts der neuen Disney-Konkurrenz im Free-TV, vor allem aber auch angesichts der zunehmenden Bewegtbildnutzung im Internet künftig entwickeln und behaupten wird. Dass der von ARD und ZDF konzipierte Jugendkanal ausschließlich im Internet zu sehen sein soll, ist nur ein Beispiel dafür, wie Fernsehanstalten auf die Entwicklung der Mediennutzung von älteren Kindern und Jugendlichen zu reagieren versuchen. Der Erfolg solcher Projekte lässt sich gegenwärtig kaum einschätzen.

Trends im Fernsehmarkt

Die Fernsehlandschaft für Heranwachsende, die hier nur skizziert werden konnte, ist in Bewegung. Neuerungen ergeben sich durch den Markteintritt und den Wegfall von Anbietern, durch die Umstrukturierung und Reorganisation von Programmkonzepten, durch die Veränderung von Marktanteilen und damit der Zusammensetzung des Publikums. Daneben lassen sich übergreifende Trends ausmachen, die technologischen Entwicklungen wie auch generellen Veränderungen des Medienmarktes geschuldet sind.

Segmentierung

Bereits der kurze Überblick lässt ahnen, dass die Ansprüche und Erwartungen von Kindern je nach Altersgruppe höchst unterschiedlich sind. Kinder lassen sich kaum mehr als ein einheitliches Publikum definieren. Viel stärker noch als bei erwachsenen Zuschauern spielen nicht nur Bildung und Geschlecht eine Rolle bei den Medienvorlieben; vor allem die unterschiedlichen Altersgruppen mit ihren jeweiligen Interessen und Entwicklungsstufen machen die Zielgruppe überaus vielschichtig. Entsprechend differenzieren die Anbieter ihre Programme für Kinder und nehmen eine *Segmentierung* vor. Die Marktführer SuperRTL und KiKA haben eigene Programmschienen für Vorschulkinder eingerichtet. Unter Markennamen wie Toggolino und KiKAninchen finden Zuschauer im Vormittagsprogramm Sendungen, mit denen die Drei- bis Fünfjährigen gezielt angesprochen werden. Nickelodeon verweist ebenfalls auf eine Programmschiene für Vorschulkinder und hat mit Nick.Jr zudem ein eigenes Pay-TV-Programm für die Jüngsten etabliert. In der neueren Geschichte des Fernsehens lassen sich Bemühungen erkennen, sogar Babys mit spezifischen Angeboten zu erreichen. Die Spartenprogramme ducktv und BabyTV waren mit einem solchen Anliegen gestartet und lösten damit weitreichende Debatten aus. Daneben finden sich immer wieder einzelne Sendungen, die sich an sehr junge Zuschauerinnen und Zuschauer richten. Ein populäres Beispiel hierfür ist die britische Serie »Teletubbies«, die in Deutschland vor einigen Jahren zu höchst ambivalenten Diskussionen über den Nutzen des Fernsehens für Kleinkinder geführt hat. Die einen sahen in den tapsigen Puppen für Kleinkinder besonders geeignete Identifikationsfiguren, andere befürchteten eine Beeinträchtigung der sprachlichen Entwicklung und forderten, die Serie abzusetzen.

Globalisierung

Überdies spiegelt sich die *Globalisierung* des Fernsehmarktes in den Angeboten für Kinder und Jugendliche wider. Im Zuge eines weltweiten Programmaustausches und Formathandels werden bewährte Produktionen und Sendungskonzepte verkauft und gekauft. Letztlich müssen vor allem die privatwirtschaftlich agierenden Fernsehsender als Unternehmen gesehen werden, die Geld verdienen und sich im Wettbewerb um die Zuschauer behaupten müssen. Das Risiko der Zuschauerakzeptanz minimiert sich, wenn eine Sendung bereits in anderen Ländern erfolgreich war. Beispielhaft für den Programmhandel im Kinderfernsehen sei auf die populäre Serie »Bob der Baumeister« verwiesen. Die britische Animationsserie gehört weltweit zu den erfolgreichsten Kinderproduktionen und wird in Ländern wie den USA, Frankreich, Japan, Australien und Spanien ausgestrahlt. Bei den einzelnen Programmanbietern zeigen sich Globalisierungsprozesse in unterschiedlichem Ausmaß. Nach Analysen von Udo Michael Krüger aus dem Jahr 2008 sind beim KiKA mehr als die Hälfte des Programms Eigen-, Ko- und Auftragsproduktionen. SuperRTL hingegen bestreitet sein Programm zu über 90 Prozent mit Fremdproduktionen, die aus dem Ausland – und hier tatsächlich mehrheitlich aus den USA – gekauft werden. Der Sender Nickelodeon (damals noch unter dem Namen »Nick«) weist zwar einen Eigenproduktionsanteil von beinahe 90 Prozent auf, richtet sich dabei aber massentauglich am US-Markt aus und ist immer auf die Interessen internationaler Programmeinkäufer bedacht. Eine Konsequenz des Programmimports ist der zunehmende Mainstream im Kinderprogramm. Kritische Stimmen bemängeln den Verlust der kulturellen Vielfalt, der es zunehmend schwieriger macht, Programmangebote im Fernsehen zu finden, die an die lokale Lebenswelt von Kindern und Jugendlichen anschließen, regionale Besonderheiten aufnehmen und damit einen Spielraum bieten, konkrete Probleme des kindlichen Alltags zu thematisieren. Allerdings hat das in Deutschland entwickelte Format »Wissen macht Ah!« gezeigt, dass es durchaus auch umgekehrt geht. Die Macher verkauften das Sendungskonzept bereits nach Russland und China, wo nun jeweils lokale Ausgaben des hiesigen Wissensmagazins produziert werden.

Konvergenz

Bei aller Beliebtheit des Fernsehens zeigen die Daten der Medienforschung doch, dass es in ein weites Ensemble von Medien eingebunden ist, das Kinder und Jugendliche heutzutage nutzen. Entsprechend sind Fernsehsendungen nicht mehr allein auf die klassischen TV-Wege beschränkt, sondern gehen als Marke in einem weitverzweigten Netz von Angeboten auf. Solche Entwicklungen werden unter Begriffen wie *Medienkonvergenz* einerseits und *Transmedialität* andererseits zusammengefasst. Medienkonvergenz findet auf unterschiedlichen Ebenen statt. Vereinfachend kann man sagen, dass es sich dabei um die Verbreitung eines Angebotes auf unterschiedlichen Medienplattformen handelt. Eltern ist das Phänomen hinreichend bekannt, wenn sich der Nachwuchs für eine Serie begeistert, um anschließend das entsprechende PC-Spiel auf die Wunschliste zu setzen. Solche Prozesse werden bereits bei jüngeren Kindern ausgelöst und konzentrieren sich häufig auf weltweit bekannte Marken. Hierfür ist »Bob der Baumeister« gleichfalls ein gutes Beispiel. Ausgehend von der Fernsehserie finden sich die Geschichten als Hörspiel und auf DVD. Zudem gibt es Comic-Hefte, Pixi-Bücher und Malhefte zur Serie. Die Webseite der Marke präsentiert Videos und Mitmachaktivitäten, Spiele finden sich für den PC oder als App zum Download. Eine solche Verwertungskette beginnt nicht immer beim Fernsehen. Oft steht hier der Hör-

spielmarkt Pate, oder Bücher werden »konvergent« weiter-
verwertet – »Harry Potter« hat das eindrücklich belegt.

Je älter Kinder werden, desto selbstständiger erschließen
sie sich die komplexen Medienwelten. Damit wird der Weg
für »transmediale« Geschichten geöffnet, die sich aufeinander
beziehen und erst durch das Zusammenspiel verschiedener
Medien inhaltlich vollständig erschließen. Die Konzepte hierfür sind vielfältig, auch wenn sich deren Entwicklung – vor allem im Kindermedienmarkt – noch in den Anfängen befindet.
Eine Möglichkeit transmedialen Erzählens zeigt sich in den
sogenannten Webisodes, die vor allem bei jungen Erwachsenen populär sind und als Kurzserien über verschiedene On-
lineplattformen verbreitet werden. Fernsehserien nutzen diese Form des Erzählens, um zusätzliche Informationen über
Charaktere zu liefern und Handlungsstränge auszuweiten.

Interaktivität

Schließlich ist *Interaktivität* ein wichtiges Stichwort, wenn
es um TV-Trends geht. Zunehmend können sich Zuschauer
aktiv am Programm beteiligen. Auch solche Sendungen finden sich im Kinder- und Jugendprogramm. Durch die Digitalisierung erweitern sich die Möglichkeiten der Teilhabe
wie beispielsweise beim ZDF-Format »Web vs. Promi«. Das
ZDF selbst bezeichnete das Format als interaktive Webcam-
Gameshow und ließ vier Kinder mit einer Webcam gegen
prominente Kandidaten antreten. Zusammen mit seinem
Onlineangebot wurde das Format für den International Digital Emmy Award, in der Kategorie »Digital Program: Children & Young People« nominiert. Joiz Germany ging noch
einen Schritt weiter und nannte sich gleich SocialTV. Mit
seinem gesamten Programm wollte der Anbieter unmittelbar an die Mediennutzung der jugendlichen Zuschauer anschließen. Die Nutzer konnten Videos und Sendungen übers

Internet bewerten und mitgestalten. Online-Communitys, in denen sich Jugendliche heute selbstverständlich bewegen, waren in das Konzept einbezogen. Zumindest in Deutschland ging das neue Konzept allerdings nicht auf. Ende 2014 meldete der Sender Insolvenz an und wird jetzt nur noch über das Internet weitergeführt. Zugleich versuchen die jugendaffinen Programme der privaten TV-Anstalten, Formate über möglichst viele Plattformen zu verbreiten und vor allem das Internet einzubeziehen. Ein hier häufig genanntes Beispiel ist die Casting-Show »The Voice of Germany«, bei der die Zuschauer ihre Favoriten online bewerten und sich damit in die Rolle der Juroren einfinden können. Für jugendliche Zuschauer ist das durchaus attraktiv. Im fiktionalen Fernsehangebot finden sich solche interaktiven Momente bislang allerdings nur vereinzelt. Derartige Angebote richten sich dann weniger an Kinder als vielmehr an Jugendliche und junge Erwachsene. Sie verbinden Transmedialität und Interaktivität und versuchen, ihre Zuschauer über unterschiedliche mediale Plattformen zum Mitmachen zu motivieren.

Ganz offensichtlich ist das Fernsehen von heute in vielen Punkten nicht mehr mit dem Angebot früherer Zeiten vergleichbar. Unterschiedliche Trends bewirken Veränderungen auf Angebote und Strukturen, auf Formen der Ansprache und Konzepte der Vermarktung. Dennoch behält es vor allem für jüngere Kinder seinen hohen Stellenwert und wird in traditioneller Weise nach wie vor genutzt. Ob das bei künftigen Generationen, die mit Social Media, YouTube und Webisodes aufwachsen, auch noch so sein wird, ist gegenwärtig kaum vorhersehbar. Vieles spricht aber dafür, dass die Erfahrungen der eigenen Kindheit weitergegeben werden und Familientraditionen zumindest bei den Jüngsten auch im Umgang mit Medien erhalten bleiben.

4. Medien verstehen und gebrauchen

Das Medienhandeln Heranwachsender lässt sich nicht in feste Schemata einordnen. Wissenschaftliche Arbeiten geben Hinweise auf typische und für das jeweilige Alter charakteristische Entwicklungsstufen, pauschalisieren lassen sich diese aber nicht. Für den Umgang mit Medien sind die verschiedenen Entwicklungsstadien verantwortlich, daneben die Themen, die Kinder in den Medien suchen, ihr Temperament, ihre Medienerfahrungen und die Unterstützung, die sie durch ihr Umfeld erhalten. Dass Medienaneignung auch mit Risiken verbunden sein kann, zeigt die Debatte um Gewaltdarstellungen in den Medien und deren Wirkung. Zwar können wir hier nicht von einer eindimensionalen Wirkung ausgehen. Unter bestimmten Umständen ist aber nicht auszuschließen, dass Medieninhalte Kinder ängstigen oder das Aggressionspotenzial Jugendlicher erhöhen.

In den ersten Kapiteln haben wir ganz selbstverständlich von Kindern und Jugendlichen gesprochen, ohne die Begriffe weiter zu klären. In wissenschaftlichen Zusammenhängen müssen wir uns aber darüber verständigen, über wen wir hier eigentlich sprechen und unter welchem Blickwinkel wir »Kindheit« betrachten. Umgangssprachlich wird unter Kindheit die Phase von der Geburt bis zur Pubertät, also ungefähr bis zum zwölften Lebensalter bezeichnet. Schon auf den ersten Blick ist klar, dass es sich damit um einen großen Lebens-

abschnitt handelt, in dem unterschiedlichste Entwicklungsphasen rasch aufeinanderfolgen. Ein Kleinkind ist nicht mit
einem Schulkind vergleichbar, zwischen einem Teenager und
einem jüngeren Grundschüler können Welten liegen. Wissenschaftliche Disziplinen, die sich mit dem Aufwachsen von
Kindern beschäftigen, müssen diese überaus heterogenen Altersstufen berücksichtigen. So wird Kindheit aus entwicklungspsychologischer Sicht in weitere Abschnitte unterteilt,
die versuchen, den verschiedenen Entwicklungsstufen gerecht zu werden. Eine solche Perspektive nimmt vor allem die
motorische, die kognitive und die emotionale Entwicklung
des Kindes in den Blick, die mit zunehmendem Alter voran-
schreitet. Grob gesagt geht es also um Bewegungsfertigkeiten,
das Denkvermögen und die Fähigkeit, Gefühle auszudrücken
und zu verstehen. Gerade in den ersten Lebensjahren geht
diese Entwicklung derart schnell voran, dass Eltern meinen,
beinahe täglich neue Fähigkeiten und Fertigkeiten bei ihrem
Nachwuchs zu entdecken. Sie verläuft allerdings von Kind zu
Kind unterschiedlich und entspricht keinem klaren und strikt
kalkulierbaren Schema. Eine Systematisierung der Entwicklungsphase kann insofern nur recht allgemeingültige Schritte berücksichtigen, von denen die Entwicklung des einzelnen Kindes immer wieder abweicht. Mittlerweile finden sich
zahlreiche Erziehungs- und Entwicklungsratgeber auf dem
Büchermarkt, die Eltern hier Orientierung anbieten. Sie versuchen einerseits, das Verhalten des Kindes einzuordnen, andererseits werben sie um Verständnis für seine individuelle
Entwicklung.

Die Bezeichnung von Entwicklungsphasen lehnt sich sowohl wissenschaftlich als auch umgangssprachlich häufig an
die Institutionen an, in denen Kinder aufwachsen. Dem Säug-
lings- und Babyalter folgt das Kleinkind- oder Krippenalter.
Anschließend können wir Kindergartenkinder von Vorschülern, Grundschülern und Schülern abgrenzen. Sobald die Pubertät einsetzt, ist das biologische Ende der Kindheit erreicht.

Allein in diesen Abstufungen wird die Bedeutung erkennbar, die unsere Gesellschaft den unterschiedlichen Bildungsinstanzen zuschreibt. Dass diese Einteilung von Kindheit auch historische Gründe hat, ist offensichtlich. Kindsein hat in unterschiedlichen Epochen eine jeweils eigene Bedeutung und wird mitgeprägt von den historischen, gesellschaftlichen und kulturellen Bedingungen seiner Zeit. Der Historiker Philippe Ariès hat das in seinem zum Klassiker avancierten Buch über die Geschichte der Kindheit anschaulich beschrieben. Seine darin enthaltenen Thesen sind zwar nicht unumstritten, dennoch hat er wesentlich dazu beigetragen, dass wir Kindheit heute zugleich als soziales und kulturelles Konstrukt begreifen.

Auch das Ende der Kindheit ist nicht eindeutig definiert. Setzt man es mit der körperlichen Reife gleich, hat sich das biologische Erwachsenenalter in den letzten Jahrzehnten vorverlagert. Mädchen und Jungen werden zunehmend früher geschlechtsreif. Demgegenüber hat sich Kindheit als soziale Phase ausgedehnt und mit der Ausweitung des Schulsystems entsprechend verlängert. Hinzu kommt die mitunter längere finanzielle Abhängigkeit vom Elternhaus, die sich unter anderem in öffentlichen Diskussionen um das viel beschworene »Hotel Mama« widerspiegelt. Immer wieder finden sich Magazinbeiträge, Studienergebnisse und Kommentare über junge Erwachsene, die ihr Elternhaus ob des dargebotenen Komforts nicht verlassen mögen. Das muss aber nicht allein ihrer Bequemlichkeit und dem guten Verhältnis zu Mutter und Vater geschuldet sein, das wissenschaftliche Studien für die heutige Jugendgeneration übrigens bestätigen. Die begrenzten finanziellen Ressourcen sind für den längeren Verbleib im Elternhaus ebenso verantwortlich wie die ausgedehnteren Ausbildungszeiten. Wissenschaftliche Arbeiten sprechen hier von *Postadoleszenz* und betonen damit einen Zustand zwischen Jugend und Erwachsenenalter, der sich vor allem aus den sozialen Rahmenbedingungen ergibt, in denen junge Menschen aufwachsen. Der körperlichen Entwicklung können wirtschaftliche Eigenständigkeit und manchmal auch die psychische Reife durchaus entgegenstehen.

Den jeweiligen Entwicklungsschritten entsprechend sind
die Mediennutzung und das Medienverstehen im Kindes-
und Jugendalter höchst verschieden. Aus medienpsychologischer Sicht zeigen Arbeiten unterschiedliche Entwicklungsabschnitte des Medienhandelns auf, die an die Phasen der
geistigen und emotionalen Entwicklung des Kindes angelehnt
sind. Sie geben einen Hinweis darauf, welche Inhalte Kinder
in welchem Alter suchen und nachvollziehen können. Einen
anderen Schwerpunkt setzen vor allem pädagogisch und kulturwissenschaftlich motivierte Arbeiten, bei denen die Medienaneignung der Heranwachsenden im Vordergrund steht.
Hier geht es zwar auch um entwicklungsbezogene Voraussetzungen, in erster Linie stehen aber solche Prozesse im Vordergrund, in denen sich Mediennutzerinnen und -nutzer zu den
Inhalten in Beziehung setzen, sie also mit ihren eigenen Lebensthemen verbinden. So wird die soziale und die kulturelle
Einbindung des Medienhandelns stärker herausgestellt, obendrein dessen subjektive Deutung durch die Nutzer selbst. Im
Folgenden sollen beide Ansätze beschrieben werden. Sie stehen nicht in Konkurrenz zueinander, sondern wählen jeweils
einen eigenständigen Zugang, um das Medienhandeln von
Kindern und Jugendlichen zu analysieren und zu verstehen.
Wissenschaftlich ausgedrückt, erschließen wir uns auf diese
Weise einen »sozial-kognitiven« und einen »handlungstheoretischen« Zugang zum Thema.

Voraussetzungen in der kindlichen Entwicklung

Die Entwicklung des Kindes ist kein automatischer Vorgang,
der von selbst geschieht und für alle Kinder in gleichem Maße
gilt. Ebenso wenig kann Entwicklung allein als Reaktion auf

Reize und Stimuli verstanden werden, die von außen gesetzt sind. Wie ließe es sich sonst erklären, dass Kinder Sprache nicht einfach nur nachahmen, sondern schon in einem sehr frühen Alter eigenständig Sätze bilden und hervorbringen? Offensichtlich handelt es sich bei der Entwicklung des Kindes um einen überaus komplexen Prozess, bei dem vielfältige Faktoren eine Rolle spielen. Das wohl bekannteste Modell zur geistigen Entwicklung von Kindern hat der Schweizer Psychologe Jean Piaget zu Beginn des 20. Jahrhunderts vorgelegt. Piaget entwickelte vier Stufen der Intelligenzentwicklung, auf die wissenschaftliche Studien zum Medienverstehen von Kindern heute noch zurückgreifen: Sie beginnen mit der *sensumotorischen Phase* (ungefähr bis zum zweiten Lebensjahr), in der Kinder beispielsweise Ursache-Wirkungs-Prinzipien entdecken. Die *präoperationale Phase,* ungefähr bis zum siebten Lebensjahr, ist vor allem durch den kindlichen Egozentrismus geprägt, wohingegen es Kindern bis zum zwölften Lebensjahr zunehmend besser gelingt, die Perspektiven Dritter nachzuvollziehen *(konkret-operationales Denken).* Die Entwicklung schließt nach Piaget mit dem *formal operationalen Denken* ab. In diesem Stadium sind Menschen in der Lage, sich von ihrem eigenen Denken zu lösen und Hypothesen über Ereignisse zu formulieren.

Piagets Entwicklungsmodell ist vielfach diskutiert, ergänzt und überarbeitet worden. Dabei finden sich zahlreiche kritische Hinweise zu den Abhandlungen des Wissenschaftlers und Weiterentwicklungen, die seine Erkenntnisse infrage stellen. Vor allem ist anzunehmen, dass sich die von Piaget angezeigten Altersstufen verschoben haben, da Kinder in ihrer Entwicklung heute wesentlich schneller voranschreiten und die nächsthöhere Stufe in einem früheren Alter erreichen. Außerdem kritisiert die aktuelle Forschung, Piaget habe den Einfluss der Umwelt unterschätzt und nicht deutlich genug herausgestellt, wie stark soziale und kulturelle Rahmenbedingungen auf die Entwicklung des Kindes wirken. Schließlich wird an der Methodik des Schweizer Wissenschaftlers bemängelt, er habe seine Erkenntnisse im Wesentlichen aus der Beobachtung seiner eigenen Kinder abgeleitet und keine repräsentativen Studien vorgelegt, die sich verallgemeinern ließen. Trotz aller Kritik legen die Forschungsarbeiten des Entwicklungspsychologen nach wie vor einen Grundstein für die wissenschaftliche Auseinandersetzung mit der kognitiven Entwicklung des Kindes. Im Anschluss an Piaget haben sich auch Medienforscher mit den geistigen Voraussetzungen beschäftigt, die eine Grundlage für das Verstehen von Medieninhalten darstellen.

Der Erziehungswissenschaftler Dieter Spanhel beschreibt in einem Aufsatz über die Bedeutung der Medien in den ersten Lebensjahren aufeinander aufbauende Phasen des Medienverstehens und schließt damit unmittelbar an die Erkenntnisse von Piaget an. Spanhel macht deutlich, dass technische Medien in der ersten Phase bis zum sechsten Lebensmonat keine Bedeutung für das Kind haben. Allerdings reagieren Säuglinge auf die Reize, die durch Medien ausgesendet werden. Babys nehmen die Lichtsignale des Fernsehers ebenso wahr wie die Geräusche von Computerspielen und reagieren darauf. Dass diese Signale von Medien ausgehen, ist aber relativ unerheblich. Solche Geräusche können Babys durchaus als störend empfinden, was sie dann möglicherweise mit Weinen quittieren. Andererseits faszinieren sie solche Reize und sie schenken ihnen ihre Aufmerksamkeit. Babys schauen durchaus auf Fernsehbilder, weil sich dort etwas bewegt und Töne zu hören sind.

In diesem Zusammenhang ist ein Experiment interessant, von dem die Autoren Hetty van de Rijt und Frans X. Plooij in ihrem populären Elternratgeber, »Oje, ich wachse!« berichten. Dabei sollten wenige Wochen alte Babys an einem Schnuller saugen, der mit einem Projektor verbunden war. Der Film zeigte eine Mutter, die mit ihrem Baby spielt. Sobald die Säuglinge an ihrem Schnuller sogen, war das Bild scharf, hörten sie damit auf, verschwamm es wieder. Das funktionierte auch umgekehrt: Als sie mit dem Saugen aufhören mussten, um ein scharfes Bild zu sehen, schienen sie gleichermaßen motiviert. Jetzt darf man allerdings nicht dem Trugschluss erliegen, die Babys hätten ein inhaltliches Interesse am Fernsehen. Wissenschaftliche Studien bieten keinerlei Hinweise darauf, dass so junge Kinder einer filmischen Handlung folgen können oder diese inhaltlich nachvollziehen. Das Experiment bestätigt eher das Bedürfnis nach Abwechslung und die Erfahrung der Selbstwirksamkeit als die des originären Filminteresses. Die Babys merken, dass sie etwas beeinflussen können, und daran haben sie offensichtlich Spaß. Erst in der zweiten Hälfte des ersten Lebensjahres beginnen sie, Medien als solche wahrzunehmen, mit ihnen zu hantieren und bestimmte Erwartungen an sie zu richten.

Mit gut einem Jahr lernen Kleinkinder einzuschätzen, welches Handeln zu welcher Reaktion führen kann. Bekannt, aber bei Eltern wenig beliebt, ist das Beispiel des im Hochstuhl sitzenden Kleinkindes, das seine Butterbrotstückchen immer wieder auf den Fußboden wirft. Wenn es damit die Erwartung verbindet, die Eltern werden das Essen schon wieder aufsammeln, können wir sein Handeln wohlwollend als Zeichen kognitiver Reifung verbuchen. Die Spielzeugindustrie reagiert auf diese Entwicklungsphase mit einer Vielzahl von Angeboten. Darunter finden sich Produkte, die das Medienverhalten der Eltern aufgreifen und dazu anregen, es zu imitieren: Die Firma Ravensburger brachte beispielsweise »Mein erstes Smart-Fon« für Babys ab neun Monaten auf den Spielzeugmarkt. Das weltweit agierende und nach eigenen Aussagen auf Lernspielzeug ausgerichtete Unternehmen V Tech entwickelte in Anlehnung an den Tablet-PC ein »Baby Pad« – ebenfalls für Kinder ab neun Monaten. Und nicht nur die neuen Medien sind gefragt: Die zur Mattel-Gruppe gehörende Firma Fisher-Price bietet für Babys ab sechs Monaten die »Fisher-Price Lernspaß Fernbedienung« an. Fernsteuern lässt sich damit zwar nichts, aber auf Knopfdruck sind Töne, Lieder und Worte zu hören. Auch das Aussehen ist an die TV-Bedienung der Großen angelehnt. Mit all diesen Spielzeugen werden Mediengeräte nachgeahmt, ohne dass deren eigentliche Funktion tatsächlich von Bedeutung ist. Es geht vielmehr darum, Tasten zu drücken und damit Hörbares abzuspielen. Auf diese Weise erfahren Kleinkinder das Gefühl von Ursache und Wirkung. Gleichzeitig gehen sie erste Schritte in die Medienwelt der Erwachsenen. Indem sie das Medienhandeln der Eltern als etwas wahrnehmen, das offensichtlich nachahmenswert ist, werden sie mit dessen Alltäglichkeit vertraut. Es zeigt sich erneut, dass die Welt der Medien nicht von den kindlichen Lebenswelten zu trennen ist und Medien – wenn auch nur symbolisch – von Beginn an in das kommunikative Handeln von Menschen eingebunden sind.

Wie Kinder Medieninhalte verstehen

Damit Kinder Medieninhalte tatsächlich als solche verstehen, müssen sie in ihrer Entwicklung weiter voranschreiten. Sie müssen begreifen, dass Medien etwas abbilden, also Dinge aus dem wirklichen Leben repräsentieren. Entsprechend wird dieses Verständnis als Fähigkeit zur »inneren Repräsentation« bezeichnet. Das Spielzeugauto in einem Bilderbuch ist lediglich der Verweis auf das echte Spielzeugauto, das im Kinderzimmer auf dem Fußboden steht. Die Psychologin Gerhild Nieding und der Medienforscher Peter Ohler verweisen hier auf den Begriff der »repräsentationalen Einsicht« und erläutern ihn am Beispiel wissenschaftlicher Experimente:

»Während 9 Monate alte Kinder noch versuchen, abgefilmte Objekte mit ihren Fingern herauszuholen, deuten sie zwischen 15 bis 19 Monaten auf die Objekte wie bei Bildern. Genauso wie bei Bildern sind auch bereits 2½ Jährige bei einer Spielzeugsuche erfolgreich, wenn sie vorher ein Video sehen, das zeigt, wie ein Spielzeug in einem Raum versteckt wurde. Dafür ist ›repräsentationale Einsicht‹ notwendig.« (Nieding/Ohler 2006, S. 47)[1]

Kinder mit zweieinhalb Jahren sind also durchaus in der Lage, ein Bild im Fernsehen als Abbild von etwas zu begreifen. Zweijährigen Kindern gelingt das noch nicht. Wenn sie durch eine Glasscheibe beobachten, wie jemand ein Spielzeug versteckt hat, finden sie es wieder. Sehen sie den gleichen Vorgang aber in einem Videofilm, finden sie das Spielzeug nicht. Die repräsentationale Einsicht fehlt ihnen in dem Alter offensichtlich noch. Angesichts solcher Studienergebnisse scheint das Unterfangen, Kleinkinder unter zwei Jahren durch Fernsehen bilden zu wollen, wenig erfolgversprechend. Das Spiel mit den Eltern und die Erfahrungen, die sie im Alltag machen, schließen deutlich besser an ihren Entwicklungsstand und damit an ihre geistigen Fähigkeiten an. Die Schlussfolgerungen, die daraus für TV-Programme zu ziehen sind, die Babys explizit beim Lernen unterstützen wollen, seien dem geneigten Leser selbst überlassen …

Eine weitere Fähigkeit prägt sich in den ersten Lebensjahren aus, die für das Medienverstehen grundlegend ist – und zweifelsohne nicht nur dafür: Kinder entwickeln Mitgefühl. Sie lernen, zwischen einer anderen Person und sich selbst zu unterscheiden und die Gefühle des anderen als von sich unabhängig wahrzunehmen. Während Säuglinge in das Weinen ihrer Altersgenossen einstimmen und sich von deren Gefühlen quasi anstecken lassen, beginnen Kinder in der zweiten Hälfte des ersten Lebensjahres den anderen als eigenständige Person wahrzunehmen. Beobachten lässt sich das an unter-

1 Nieding, Gerhild/Peter Ohler, Peter (2006). Der Erwerb von Medienkompetenz zwischen 3 und 7 Jahren. In: tv diskurs, 10, 4/2006 (Ausgabe 38), S. 46–51. URL: http://fsf.de/data/hefte/ausgabe/38/nieding_ohler046_tvd38.pdf (25.7.2015)

schiedlichen Verhaltensweisen: Das Kleinkind erkennt sich im Spiegel, es zeigt auf das eigene Abbild, wenn es sich auf Fotos entdeckt, oder tröstet einen Spielgefährten, der sich wehgetan hat. Wenn es das eigene Stofftier oder den Schnuller anbietet, bewegt es sich dabei im Rahmen seiner Möglichkeiten. Der Psychologe Michael Charlton beschreibt, welche Bedeutung Mitgefühl für das Verständnis von Medien hat:

»Der ständige Wechsel zwischen dem Mitgefühl mit dem anderen und dem Distanzieren vom anderen ist notwendige Voraussetzung zur Teilhabe am Erleben von Medienfiguren und zur Orientierung in fiktiven Situationen. Der Zuschauer/die Zuschauerin im Theater oder vor dem Fernseher muss sich probehalber immer wieder in das Stück hineinversetzen, um die Handlung sozusagen am eigenen Leibe zu erfahren. Er/sie muss sich aber ständig auch wieder vom Geschehen distanzieren können, um sich nicht selbst in der Illusion der Darstellung zu verlieren. Die Fiktion muss als solche immer bewusst bleiben.« (S. 133)[2]

Charlton weist aber auch darauf hin, dass die Fähigkeit zur Distanzierung selbst bei Erwachsenen nicht immer vollständig ausgeprägt ist. So kann es vorkommen, dass sich Fernsehzuschauer in der »Lindenstraße« um eine freie Wohnung bewerben oder auf den Tod von Serienfiguren mit Beileidsbriefen reagieren.

Aber reichen die repräsentationale Einsicht und die Fähigkeit zum Mitgefühl tatsächlich aus, um komplexere Filmhandlungen zu verstehen? Nein, sicher nicht. Man muss die Perspektiven Dritter nachvollziehen können, um das Handeln der Darstellerinnen und Darsteller zu verstehen. Die Entwicklung dieser Fähigkeit erfolgt in mehreren Schritten: von

2   Charlton, Michael (2004). Entwicklungspsychologische Grundlagen. In: R. Mangold/P. Vorderer/G. Bente (Hrsg.). Lehrbuch der Medienpsychologie. Hogrefe, S. 129–150.

der noch recht egozentrischen Wahrnehmung der Vier- bis
Fünfjährigen bis zur differenzierten Übernahme anderer Perspektiven im Alter von 12 bis 15 Jahren. Jean Piaget hat darauf
hingewiesen, dass Kinder im Grundschulalter beginnen, unterschiedliche Standpunkte zu begreifen, und verstehen, wie
sich diese aufeinander beziehen. Jugendliche sollten in der
Lage sein, Interessen unterschiedlicher Akteure aus Sicht eines Außenstehenden einzuschätzen und dabei allgemeingültige gesellschaftliche Wertvorstellungen einzubeziehen. Wie-
so darf der Polizist den Straftäter einsperren, der Mann von
nebenan aber nicht seinen Kollegen, wenn er sich von ihm
ungerecht behandelt fühlt? Das Verständnis hierfür setzt eben
ein recht komplexes Denken und Wissen über die Normen
und Werte einer Gesellschaft voraus. Michael Charlton lei-
tet aus der zunehmenden Fähigkeit, fremde Perspektiven zu
übernehmen, Konsequenzen für das Medienverstehen ab. Sie
ist beispielsweise Voraussetzung, um das Handeln der Superhelden im Kampf gegen das Böse nachzuvollziehen und dabei
unterschiedliche soziale Perspektiven zu bedenken. Entsprechend finden Kinder nach und nach Gefallen an komplexen
Handlungen und vielschichtigen Charakteren, die ein breite-
res Bild menschlicher Emotionen abbilden. Der Medienmarkt
reagiert hierauf und bietet Grundschülern zahlreiche Detek-
tiv- und Krimigeschichten an, die dieses Interesse ganz offensichtlich bedienen. Serien wie »TKKG«, »Die drei ???« oder
auch die Krimireihe »krimi.de« beim KiKA sind dafür nur einige Beispiele.

Umgekehrt bevorzugen jüngere Kinder eher eindimensio-
nale und geradlinige Charaktere, an denen sie sich vertrau-
ensvoll orientieren können. Die integren und fast immer gut
gelaunten Protagonisten des Vorschulprogramms versinn-
bildlichen diese kindliche Vorliebe. Sie treten konsequent
für die gute Sache ein und schaffen es stets, kleinere Miss-
geschicke zu bewältigen. In diesem Zusammenhang weist
die niederländische Kommunikationswissenschaftlerin Patti

Valkenburg darauf hin, dass jüngere Kinder den Charakter einer Person zudem eher nach ihrem Aussehen und weniger nach ihrem faktischen Handeln beurteilen. Wenn die optische Darstellung »stimmt«, ist im Kinderfernsehen schnell klar, wer gut und wer böse ist. Eine solche Darstellung erfolgt oftmals in Anlehnung an das Kindchenschema, das die Proportionen von Kleinkindern aufnimmt. Wer sich Bob den Baumeister oder den kleinen Abenteurer Yakari genauer anschaut, dem fällt der übergroße runde Kopf auf. Andere Charaktere zeichnen sich durch große Kulleraugen, eine hohe Stirn oder die »niedliche« Stupsnase aus. Vor allem Tierfiguren lassen sich solche Merkmale gut zuschreiben, wobei das plüschige Fell das ansprechende Aussehen noch unterstreicht. Dass sich vermenschlichte Tiere entsprechend häufig in den Serien für Vorschüler finden, ist somit nachvollziehbar. Figuren wie die Biene Maja nebst Willi, der kleine Affe Coco oder das KiKAninchen als Aushängeschild des Kinderkanals zeigen das beispielhaft.

Zudem weist Valkenburg darauf hin, dass jüngere Kinder Figuren bevorzugen, die weniger detailreich sind. Sie konzentrieren sich auf einzelne herausgehobene Merkmale, die den fröhlichen Charakter des Protagonisten unterstreichen. Besonders eindrücklich lässt sich das an den Teletubbies beobachten. Die bereits erwähnte britische Serie für Kleinkinder war vor einigen Jahren weltweit erfolgreich und bei den jüngsten Zuschauern überaus beliebt. Im Mittelpunkt der Sendung standen vier Figuren mit Kulleraugen, Stupsnase und einem großen runden Kopf, die obendrein durch ihren Tanz zum Mitmachen anregten. Zudem verständigten sie sich über eine kleinkindliche Sprache, die eher darauf angelegt war, Babysprache zu imitieren, als den sprachlich ausgefeilten Ausdruck zu fördern. Eltern und Pädagogen bereitete gerade dieser Sprachstil oftmals Sorge, stand er doch in Kontrast zu anderen Programmen, die Kinder sprachlich explizit anleiten wollten.

Bei einer Geschichte kommt es aber nicht nur darauf an, was erzählt wird; auch das »Wie« trägt maßgeblich zu ihrem Verständnis bei – und zu ihrem Unterhaltungswert. Wer schon einmal einem langweilig und umständlich erzählten Witz lauschen musste, weiß, was gemeint ist. Bei Fernsehserien und Filmen kommen hier filmsprachliche Mittel ins Spiel. Sie bestimmen den Zugang, den die Zuschauer zum Geschehen erhalten. Einstellungsgrößen legen fest, was wir von einer Szene, einem Ort und damit der Umgebung erfahren. Das Licht und die Farbgebung erzeugen eine besondere Atmosphäre; Dunkelheit und bläuliches Licht beispielsweise können die Tragik eines Ereignisses unterstreichen und wirken oftmals ein wenig unheimlich. Der Filmschnitt arrangiert die Einstellungen und damit gleichfalls die Reihenfolge ihres zeitlichen Ablaufs. Kinder müssen die Besonderheiten des filmischen Erzählens erst erlernen, um filmstilistische Mittel in ihrer Bedeutung einzuschätzen. Gerhild Nieding und Peter Ohler stellten in ihren Studien fest, dass Kinder im Alter von vier Jahren kaum in der Lage sind, Parallelmontagen zu verstehen. In Parallelmontagen werden unterschiedliche Handlungsstränge einer Geschichte erzählt, die dann am Ende in der Regel zusammenfließen. Diese Art der Montage wird eingesetzt, um das Spannungserleben der Zuschauer zu steigern, und daher greifen Krimis und Agentenfilme gerne auf sie zurück: In einem Handlungsstrang beobachten wir, wie der Täter seinen maßlosen Coup vorbereitet; der andere zeigt den Ermittler, der ihm langsam auf die Schliche kommt. Für die Zuschauenden stellt sich die entscheidende Frage, ob der Untergang der Welt oder wahlweise der nächste Raubzug zu verhindern sein wird. Während sich jüngere Kinder also eher in einer eindimensionalen Erzählweise zurechtfinden, können Grundschüler die Parallelmontage als Form der filmischen Erzählung durchaus einordnen. So lässt sich auch ihr zunehmendes Interesse an Krimis erklären, von dem oben bereits die Rede war.

Etwas schwieriger ist laut Nieding und Ohler das Verständnis von Rückblenden. Sie erzählen Ereignisse, die der eigentlichen Filmhandlung vorausgegangen sind. Der Film »Stand by Me« (USA, 1986) beispielsweise erzählt von den Abenteuern, die vier Freunde in einem Sommer erleben. Nur durch wenige Sequenzen wird klar, dass es sich dabei im Wesentlichen um eine Rückblende handelt: In Erinnerung an seine Kindheit erzählt einer der Jungen die Geschichte als erwachsener Mann. Experimente zeigten, dass zehnjährige Kinder ähnliche Rückblenden deutlich besser verstehen als Kinder im Alter von sechs Jahren. Nieding und Ohler vermuten, dass jüngere Kinder mit solchen filmischen Erzählweisen Probleme haben, weil sie von natürlichen Wahrnehmungssituationen abweichen. Erst mit zunehmendem Alter lernen sie, differenzierte Erzähltechniken nachzuvollziehen. Diese Kompetenz ist sowohl auf die fortschreitende geistige Entwicklung zurückzuführen als auch auf filmbezogenes Wissen, das Kinder mit zunehmender Seherfahrung erwerben. Je häufiger sie einen Krimi gesehen haben, umso vertrauter sind sie mit seiner Art der Erzählung. Damit sind sie nicht nur in der Lage, sich neue Inhalte zu erschließen, die über ihren eigenen Erfahrungshorizont hinausgehen. Sie können zudem Genuss zunehmend aus Erzähltechniken ziehen, die Filme spannender, aufregender und damit vielschichtiger machen.

Der kindliche Animismus

Neben der Entwicklung des Denkens setzte sich Jean Piaget zudem mit der Weltsicht und -wahrnehmung von Kindern auseinander. Für die Entwicklung von Medienangeboten sind seine Ausführungen zum »kindlichen Animismus« interessant. Gemeint ist damit, dass Menschen Dinge, die ohne Bewusstsein ausgestattet sind, als belebt wahrnehmen. Im alltäglichen Umgang vor allem mit jüngeren Kindern kann man das Phänomen beobachten, wenn Eltern vorgeben mit dem

Schrank zu schimpfen, nachdem sich die Zweijährige an seiner scharfen Kante gestoßen hat. Der Nachwuchs sieht den vermeintlichen Übeltäter auf diese Weise bestraft; die Eltern schließen ganz unbewusst an die animistische Weltsicht des Kindes an. Auch der kindliche Animismus umfasst nach Piaget unterschiedliche Phasen. Demnach empfinden Kleinkinder alle Gegenstände ihrer Umgebung als belebt. Im nachfolgenden Stadium sprechen sie jenen Dingen ein Bewusstsein zu, die beweglich sind. Das können Fahrzeuge sein, aber auch Wasser wird in diesem Sinne als lebendig empfunden. Im dritten Stadium ist die Eigenbewegung eine wesentliche Voraussetzung dafür, Dingen ein Bewusstsein zu unterstellen. Die Sonne, der Mond und die Wolken erfüllen diese Voraussetzung. Im vierten Stadium schließlich bezieht sich die animistische Wahrnehmung ausschließlich auf Tiere. Neuere Studien allerdings revidieren hier inzwischen die Annahmen von Piaget. Danach nehmen jüngere Kinder zwar durchaus eine animistische Weltsicht ein, bereits im Grundschulalter beginnen sie aber, kausale Prozesse zu erkennen und naturwissenschaftliche Erklärungen in ihre Deutung der Welt einzubeziehen. Zudem muss die Entwicklung flexibler gedacht werden. Wenn sich Eltern mit solchen Fragen differenziert auseinandersetzen und das auch vermitteln, werden ihre Kinder schneller mit komplexeren Sichtweisen vertraut.

Piagets Ausführungen zum Animismus sind für das Verständnis kindlicher Medienwelten dennoch insofern spannend, als sich unterschiedliche Formen einer animistischen Weltsicht in zahlreichen Medienproduktionen für Kinder wiederfinden und diese damit offensichtlich an die Weltsicht besonders junger Zuschauerinnen und Zuschauer anschließen. Beim Blick in den Kinderkanal KiKA finden sich Timmy, das junge U-Boot, der kleine rote Traktor oder Roary, der Rennwagen, die allesamt Protagonisten des Vorschulprogramms sind. Rudi, der sprechende Koffer, SpongeBob Schwammkopf oder Bernd das Kastenweißbrot ergänzen die Reihe der be-

lebten Gegenstände – auch wenn Letzteres eher zur Erhei-
terung älterer Zuschauer beitragen dürfte. Hier sind Gegenstände belebt, die üblicherweise kein Eigenleben führen, die
Kinder dennoch als Protagonisten ernst nehmen und die für
sie im Rahmen der Erzählung wichtige Bezugspersonen sind.
Darüber hinaus finden sich Animismen in Wissensendungen
wie der »Sendung mit der Maus« oder »Wissen macht Ah!«,
wo menschliche Eigenschaften auf Dinge übertragen werden.
Nach diesem Prinzip vermischen sich Öl und Wasser nicht,
weil sie sich nicht mögen. Bei der Erklärung physikalischer
oder chemischer Vorgänge erleichtern die Moderatorinnen
und Moderatoren den jüngsten Zuschauern so das Verständnis der Vorgänge. Selbst wenn die genannten Sendungen sich
nicht immer ausdrücklich an Piaget anlehnen, spiegeln sie
dessen Sicht doch auf zeitgemäße Art und Weise wider.

Wie sich der kindliche Animismus im medienbezogenen
Handeln darstellt, zeigt der Familientherapeut Jan-Uwe Rogge an Beispielen aus seiner Praxis. Anhand unterschiedlicher
Fälle veranschaulicht er, wie Kinder ihre Wünsche und Ängs-
te auf Medienfiguren übertragen und ihnen damit aus ihrer
ganz subjektiven Sicht Bedeutung verleihen. In einem seiner
Aufsätze verweist er auf den vierjährigen Max, der behauptet, Ernie aus der Sesamstraße würde die Unordnung in seinem Zimmer anrichten, als seine Mutter ihn deswegen aus-
schimpft. Mit Ernie als Stellvertreter vermeidet es der Junge,
die Kritik auf sich beziehen zu müssen. Ernie repräsentiert
nach Rogge seine »schlechte Seite«, die er damit von sich ab-
spalten kann. Das korrespondiert mit der für das Alter typischen Schwierigkeit, die menschliche Persönlichkeit differenziert wahrzunehmen. Medienfiguren können sich also zu
Begleitern entwickeln, die dem Kind in schwierigen Situationen durchaus eine Stütze sind. Von den Eltern fordert Rogge
Aufmerksamkeit für das Fantasiespiel der Jüngsten und einen
angemessenen Freiraum für Kreativität und kindliche Bedürfnisse. In seiner Praxis geht es oftmals darum, Verständ-

nis bei den Eltern zu wecken und deutlich zu machen, wie grundlegend die Vermischung von Realität und Fiktion für das (Medien-)Handeln jüngerer Kinder ist. Wenn Eltern sich auf medienbezogene Spiele einlassen, erhalten sie eine gute Gelegenheit, etwas mehr über die Bedürfnisse ihres Nachwuchses zu erfahren.

Medienaneignung

Der Begriff »Medienaneignung« hat eine lange Tradition und wird in unterschiedlichen Disziplinen verschieden interpretiert. Aneignung kann beispielsweise als Erwerb von Fähigkeiten verstanden werden. Medienwissenschaftler fassen ihn allerdings weiter. Sie plädieren dafür, den Kontext der Mediennutzung zu berücksichtigen und dabei soziale und kulturelle Bezüge einzubeziehen, da jede Nutzerin und jeder Nutzer eine ganz persönliche Perspektive an die Medien heranträgt. Sie ergibt sich aus dem Lebensumfeld, der familiären, kulturellen und sozialen Einbindung wie auch aus den Themen, die sie oder ihn beschäftigen, und der Aufmerksamkeit, mit der sie oder er sich ihnen widmet. Diese Perspektive bestimmt, wie Menschen Medieninhalte verstehen, deuten und für sich nutzbar machen.

In der Geschichte der Aneignungsforschung spielen die *Cultural Studies* eine wichtige Rolle. Diese Forschungsrichtung setzt voraus: Wir leben in unterschiedlichen Kulturen und Milieus, daraus lassen sich verschiedene Sichtweisen ableiten, die sich in unserem Handeln und Deuten widerspiegeln. Besonders interessiert sind Vertreter der Cultural Studies an der Frage, inwieweit Menschen Deutungsmuster entwickeln und leben, die der dominanten Kultur einer Gesellschaft widersprechen und in diesem Sinne widerständig sind. Beispielsweise beschäftigten sich die Forscher mit Jugendkulturen wie Mods oder Punks und analysierten, wie sie sich über Sprache, Musik oder Mode zusammenfinden, wie sie sich ausdrücken und von vorherrschenden Lebensformen abgrenzen. Machtverhältnisse und die Möglichkeiten, sie aufzubrechen, spielen in den Arbeiten der Cultural Studies eine wichtige Rolle.

Bis heute schließen zahlreiche Untersuchungen an die Cultural Studies an. In eigenen Studien über jugendliche Popfans stellte ich mir vor einigen Jahren die Frage, warum Jugendliche Fans von Popmusikern sind, insbesondere von solchen Künstlerinnen und Künstlern, die in der Öffentlichkeit gemeinhin – manchmal durchaus herablassend – als Mainstream bezeichnet werden. Wie nehmen sie diese wahr, wie deuten sie die Musikerinnen und Musiker und welche Rolle spielen die Interpretinnen und Interpreten für den Alltag der Fans? Dabei bestätigte sich, dass unterschiedliche Fans sich denselben Star mitunter ganz verschieden »aneignen«. Wo der eine Fan eine aufmüpfige Rebellin sieht, nimmt der andere eine recht angepasste und traditionelle junge Frau wahr – und umgekehrt. Eine derartig unterschiedliche Sichtweise ergibt sich aus sozialen und kulturellen Lebenszusammenhängen, aber auch aus persönlichen Erfahrungen und Fragen, die Jugendliche an Medien richten. Wer beginnt, sich für partnerschaftliche Beziehungen zu interessieren, sieht ein erotisches Gegenüber, wer durch die Trennung der Eltern belastet ist, sucht Trost in seinem Idol mit vielleicht ähnlicher Lebensgeschichte, wer eine große Karriere anstrebt, nimmt den beruflichen Erfolg der Musikerin zum Vorbild. Offensichtlich hängt die individuelle Bewertung von Stars davon ab, wie jemand aufgewachsen ist, welche Themen ihn beschäftigen und wofür er die Medienpersönlichkeiten in Anspruch nehmen will. Von außen betrachtet lässt sich die Bedeutung der Medien für den einzelnen damit nicht immer herleiten. Was dem einen banal erscheint, kann für den anderen eben ganz besonders wichtig sein.

Handlungsleitende Themen

Die persönlichen Themen, die für Menschen von Bedeutung sind, greift der Ansatz der *handlungsleitenden Themen* auf. Er setzt sich mit den Prozessen der Medienaneignung stärker aus subjektbezogener Perspektive auseinander. Demnach sind handlungsleitende Themen Lebensthemen, die Heranwachsende in einer bestimmten Entwicklungsphase bearbeiten und auch an die Medien herantragen. Der Erziehungswissenschaftler Ben Bachmair hat sich mit dem Begriff der handlungsleitenden Themen intensiv auseinandergesetzt. Er betont vor allem den subjektiven Sinn, den Kinder Medien zuschreiben. Dieser lässt sich in der Regel nicht erfragen, sondern muss aus dem Handeln der Kinder rekonstruiert werden. Ein solches Handeln zeigt sich in Rollen, die Kinder im Spiel übernehmen, in den Geschichten, die sie erzählen, oder in den Bildern, die sie malen. Dabei findet diese Form der Aneignung nicht erst im Anschluss an die eigentliche Rezeptionssituation statt. Handlungsleitende Themen bestimmen bereits während des Fernsehens, des Lesens oder des Zuhörens, wie Medieninhalte von Kindern verstanden und subjektiv interpretiert werden.

Den handlungsleitenden Themen von Kindern und Jugendlichen kommt man zum Beispiel mit der *Strukturanalytischen Rezeptionsforschung* auf die Spur. Sie ist maßgeblich durch den bereits erwähnten Entwicklungspsychologen Michael Charlton und den Medienwissenschaftler Klaus Neumann-Braun geprägt. Auch sie nehmen an, dass die jeweiligen Lebensthemen in der Auseinandersetzung mit Medien eine besondere Rolle spielen und Kinder Medienangebote in Anspruch nehmen, um ihre Themen zu bearbeiten. Wie Bachmair betonen sie, dass die Inhalte der Medien keine festgelegte Bedeutung haben, sondern sich aus dem subjektiven Sinn ergeben, den die Kinder ihnen zuschreiben. Das Medienhandeln von Kindern ist also eng mit ihrer Identitätsbildung verknüpft. Es bietet ihnen eine Möglichkeit, sich mit sich selbst und ihrer Umwelt auseinanderzusetzen, und wird in eben diesem Sinne auch in Anspruch genommen.

Die Themen, die Kinder an Medien herantragen, sind vielfältig. Im Kleinkindalter können es zum Beispiel Verlustängste sein. Kleinkindern fällt es mitunter schwer, auch nur die kurzzeitige Trennung von Mutter oder Vater gelassen hinzunehmen. Der erste Tag in der Kinderkrippe oder im Kindergarten ist daher nicht immer nur mit Freude verbunden, sondern mitunter von Tränen begleitet. Ablösung wird dann zur Herausforderung. Entsprechend fantasieren sich kleine Kinder mitunter schon einmal in omnipotente Heldinnen und Helden, um sich stark zu fühlen, sie nutzen Medien, um mit den Eltern gemeinsam etwas zu erleben und Nähe zu spüren, sie orientieren sich an Geschichten, die Verlust thematisieren und Hilfestellung leisten. Andererseits wollen Kinder selbstständig und unabhängig werden. Sie bestehen darauf, die Stützräder vom Fahrrad zu montieren und sich auf dem Schulweg nicht mehr begleiten zu lassen. Wenn sie sich dann mediale Vorbilder suchen, die Unabhängigkeit und Stärke symbolisieren, entspricht das ihren momentanen Befindlichkeiten. Das Dilemma von Abhängigkeit und Unabhängigkeit muss ebenso verhandelt werden wie die Angst vor dem Alleinsein und die Schwierigkeit, sich von wichtigen Bezugspersonen auch einmal zu lösen. Daneben wird die Frage nach dem eigenen Geschlecht im Vorschulalter bedeutsam. Während Jungen Männlichkeit oftmals über Ritterrüstungen und die Identifikation mit starken Helden erproben, schmücken sich Mädchen mit Prinzessinnenkleidern und den Merchandising-Artikeln der Barbie-Welt. Dass dabei Geschlechterstereotype häufig auch bestätigt werden, ist offensichtlich. In der Wissenschaft finden sich weitreichende Diskussionen über die Frage, ob die stereotypen Geschlechterrollen von Geburt an festgelegt sind oder nicht vielmehr durch das gesellschaftliche und familiäre Umfeld anerzogen werden. Die Medien leisten hierbei ganz sicherlich ihren eigenen Beitrag.

Für ältere Kinder und Jugendliche ist Freundschaft ein wichtiges Thema. Sie üben sich darin, unabhängig von den Eltern Kontakte zu knüpfen und Konflikte zu bewältigen, die sich in diesen Beziehungen ergeben. Entsprechend interessiert sind Heranwachsende, wenn beispielsweise in Filmen das Thema Freundschaft behandelt wird. Ältere Kinder setzen sich über populäre Casting-Shows der Fernsehsender zudem mit Themen wie Leistung und Erfolg auseinander, mit denen sie selbst auch im schulischen Alltag konfrontiert sind. In der Beschäftigung mit den TV-Formaten können sie gesellschaftliche Werte und Anforderungen verhandeln und dabei auch mal infrage stellen. Wie für jüngere Kinder spielt besonders für Teenager die Auseinandersetzung mit dem eigenen und mit dem anderen Geschlecht eine Rolle. Dabei kann es um partnerschaftliche und erste erotische Beziehungen gehen. Die medienwissenschaftliche Forschung spricht von *parasozialen Beziehungen,* wenn sich Rezipienten beispielsweise einen Moderator oder eine Schauspielerin als Freund oder Freundin vorstellen. In diesem Sinne können Jugendliche erste Liebesbeziehungen fantasieren und sich ausmalen, was die Partnerschaft für sie bedeuten würde, könnte sie in der Realität stattfinden. Der Vorteil parasozialer Beziehungen liegt vor allem darin, dass sie kalkulierbar sind: Die Ansprüche, die gestellt und erfüllt werden sollen, hat man in der Hand, ebenso wie das Ende solcher Beziehungen, das unabhängig ist von Befindlichkeiten und dem Wohlwollen des Gegenübers.

Wirkungsrisiken am Beispiel von Gewaltdarstellungen

Medienhandeln verläuft aber nicht immer unproblematisch. Nicht ohne Grund gibt es zahlreiche Institutionen und Beratungsstellen, die Tipps für den richtigen Umgang mit Medien geben und auf mögliche Gefahren hinweisen. Öffentliche Debatten über die Wirkung von Medien rücken die Gefahren sogar oftmals in den Vordergrund. Die Gründe dafür sind vielfältig. Sie haben sicherlich mit der Verunsicherung vieler Eltern und Pädagogen zu tun, die das Medienensemble der kindlichen Lebenswelten nicht mehr durchschauen. Nicht ohne Grund zeigt sich die Öffentlichkeit aber auch beunruhigt über Risiken, die sich aus einem falschen und im Fall von Kindern und Jugendlichen nicht immer altersgerechten Umgang mit Medien ergeben. Manchmal sind solche Debatten aber schlicht der Tatsache geschuldet, dass sich Medien relativ einfach zum »Sündenbock« machen lassen. Wenn man davon ausgeht, dass die Medien an allem schuld sind, kann man andere Einflussfaktoren einfach außen vor lassen und die Sache ein wenig vereinfachen. Aus solchen Überlegungen resultierte bereits die Forderung, das Fernsehen gänzlich abzuschaffen, wie es der Autor Jerry Mander in den achtziger Jahren des letzten Jahrhunderts öffentlichkeitswirksam proklamierte. Wie wir inzwischen wissen, lief die Forderung ins Leere.

Nicht zuletzt lassen sich einfache Wirkungsmuster einer breiten Öffentlichkeit wohl besser vermitteln. Die Forderung, das Fernsehen abzuschaffen, lässt sich besser auf den Punkt bringen als eine differenzierte Diskussion über den komplizierten Prozess von Medienwirkung. Gleichwohl sind Risikodebatten ernst zu nehmen und werden von der wissenschaftlichen Forschung auch immer wieder zum Anlass für weitreichende Studien und Forschungsarbeiten genommen. Die Medienforscher Michael Kunczik und Astrid Zipfel haben sich mit Wirkungsrisiken medialer Gewalt ausführlich beschäftigt und den Forschungsstand dazu aufgearbeitet. Dabei konnten sie feststellen, dass die Frage nach dem Gewaltrisiko mit dem Aufkommen jedes neuen Mediums immer wieder neu gestellt wird. Bereits die frühe Presseberichterstattung gab Anlass zur Sorge, ob Berichte über Kriminalität nicht zur Nachahmung anregen würden. Wer über einen Bankraub in der Zeitung liest, könnte sich hierdurch inspiriert fühlen und möglicherweise lernen, dass sich Verbrechen auszahlt. Selbst das Kino stand in seinen Anfängen im Verdacht, kriminelles und unmoralisches Verhalten zu fördern. Als besonders gefährdet galten junge Zuschauerinnen und Zuschauer wie übrigens auch Frauen, da sie nach damals vorherrschender Meinung sensibler, labiler und damit anfälliger für die emotionale Kraft der bewegten Bilder seien. In den achtziger Jahren des letzten Jahrhunderts führte dann das Aufkommen der Videokultur zu neuen Diskussionen um Gewalt, denen sich die Sorge um Computerspiele und deren Wirkungsmacht anschloss.

Heute geht es in wissenschaftlichen und medienpädagogischen Debatten vor allem um die Gefahren des Internets. Gewalt spielt hier insofern eine Rolle, als Kinder und Jugendliche im Web 2.0 auf zahlreiche Inhalte stoßen, die nicht für sie gedacht sind. Dazu zählen – neben pornografischen Darstellungen – besonders solche, die gewalttätiges Verhalten zeigen. Handys und Smartphones ermöglichen es, Gewaltvideos zu verschicken und auf diese Weise zu verbreiten. Besonders problematisch wird es, wenn Jugendliche anderen gegenüber selbst gewalttätig werden, um den Gewaltakt zu filmen und ins Internet zu stellen. Ein solch kriminelles Verhalten, das unter dem Begriff »Happy Slapping« firmiert, schädigt die Opfer auf zweierlei Weise: Sie erleiden Gewalt und werden in ihrem Leid gleichzeitig der Öffentlichkeit ausgesetzt. Gewalt in neuen Medien ist auch insofern ein Thema, als Online-Communitys durchaus zum (Cyber-)Mobbing anregen können, also dazu beitragen, andere Jugendliche verbal zu bedrängen oder zu beleidigen. Sowohl im Fall von Happy Slapping als auch von Cybermobbing sind Medien allerdings nur mittelbar Träger von Gewalt, da sie eine Plattform für aggressives Handeln bieten, das von den Täterinnen und Tätern selbst ausgeht.

Was ist eigentlich Mediengewalt?

Der kurze Überblick im vorhergehenden Abschnitt macht die Komplexität der Gewaltdebatte deutlich und die Herausforderungen, denen sie sich zu stellen hat. Dabei ist keineswegs immer klar, worüber wir eigentlich sprechen, wenn es um »Mediengewalt« geht. Während manche Eltern bei Mediengewalt an einen brutalen Horrorstreifen denken und ihre Kinder davor schützen wollen, wenden sich andere gegen »Tom und Jerry« und sprechen den vermeintlich aggressiven Zeichentrickfiguren ebenfalls ein hohes Gewaltpotenzial zu, vor dem es Kinder zu bewahren gilt. Auch die Frage, ab welchem Alter Kinder Nachrichtensendungen ansehen dürfen, hat oft damit zu tun, dass dort fraglos immer wieder Gewaltdarstellungen zu sehen sind.

Allein diese drei Beispiele zeigen, dass es in der Debatte durchaus um sehr unterschiedliche Formen medialer Gewalt geht. Die medienwissenschaftliche Forschung hat den Gewaltbegriff daher differenziert und unterscheidet beispielsweise zwischen physischer (körperlicher), psychischer (seelischer) und struktureller Gewalt, die sich aus systemischen Bedingungen herleitet. Während physische Gewalt Sachen oder Personen offensichtlich schädigt, kann psychische Gewalt sehr subtil sein und ist mitunter – vor allem für Kinder – nur schwer als solche zu erkennen. Das gilt gleichermaßen für strukturelle Gewalt, die sich den Zuschauenden nur erschließt, wenn sie über ein weitreichendes Wissen über die Werte und Normen einer Gesellschaft verfügen, was bei jüngeren Kindern nicht der Fall ist. Daneben ist die Unterscheidung zwischen intentionaler und non-intentionaler Gewalt sinnvoll. Während wir bei intentionaler Gewalt einen Täter haben, der absichtlich zum Beispiel jemanden verletzt, handelt es sich bei non-intentionaler Gewalt etwa um Naturkatastrophen und Unglücke. Hier ist also kein Täter zu sehen, und die Befürchtung, Kinder oder Jugendliche könnten den Gewaltakt nachahmen, greift nicht.

Für mediale Gewaltdarstellungen ist ferner der Unterschied zwischen fiktionaler Gewalt und realer Gewalt wichtig. Erstere entspringt der Feder kreativer Autorinnen und Autoren und ist in ihrer Form konsequenzlos; Letztere findet sich beispielsweise in Nachrichtensendungen und hat für alle Beteiligten Folgen, die über die mediale Berichterstattung hinausgehen. Eine solche Unterscheidung können kleine Kinder noch nicht treffen; Grundschülern gelingt sie aber durchaus, womit sie sich von fiktionaler Gewalt deutlich besser distanzieren können. Zudem kann Gewalt auf ganz unterschiedliche Weise inszeniert sein. Die Wissenschaft spricht von »sauberer Gewalt«, wenn keine Folgen für das Opfer erkennbar sind. Das ist beim Slapstick häufig der Fall, an dem Kinder durchaus Vergnügen finden, oder im Zeichentrick. Sind Verletzungen und Wunden hingegen als Folgen von Gewalt zu sehen, ängstigt das jüngere Kinder eher. Das Leid der Opfer wird nachvollziehbar und die Versehrtheit des Körpers, die sich auf den eigenen Körper übertragen lässt, führt zu einem äußerst unguten Gefühl. Bei einer Gewalthandlung ist zudem die Darstellung des Täters entscheidend. Ist er »cool« und wird durch die Anerkennung seiner Freunde belohnt, kann die Gewalttat Kindern und Jugendlichen attraktiv und nachahmenswert erscheinen. Sanktionen und Bestrafungen des Täters können das umgekehrt verhindern. Mediale Gewalt ist also nicht immer gleich zu bewerten und bedarf zunächst einer genauen Definition und Einordnung, um Rückschlüsse auf mögliche Wirkungsrisiken zu ziehen.

Und wie wirkt Mediengewalt?

Die Wirkungsrisiken von Gewalt werden vielschichtig diskutiert und sind nicht nur von der Art ihrer medialen Darstellung abhängig. Wir müssen die soziale Einbindung der Rezipientinnen und Rezipienten berücksichtigen, ihre eigenen

Erfahrungen mit Gewalt, ihre Medienerfahrungen und das Lebensalter. Vor allem bei jüngeren Kindern ist die Verängstigung durch Medienerlebnisse problematisch. Viele Eltern haben sicherlich schon einmal erlebt, dass ihre Kinder nachts nicht schlafen konnten und eine Fernsehsendung oder ein Film der Auslöser dafür war. Fragt man Kinder und Jugendliche nach ihren Medienerinnerungen, können sie selbst häufig Sequenzen aus Spielfilmen, Serien oder anderen Formaten nennen, die ihnen Angst gemacht haben. Insofern sollten Eltern im Auge behalten, welchem Angebot sich ihre Kinder widmen.

Bei Filmen bieten die Altersfreigaben der Freiwilligen Selbstkontrolle der Filmwirtschaft (FSK) Orientierung, wobei diese nicht als Empfehlungen missverstanden werden dürfen. Für Kino- und Videofilme vergibt die FSK eine Altersfreigabekennzeichnung, die laut Jugendschutzgesetz bindend ist. Beim Fernsehen kann das Alter der Zuschauer nicht überprüft werden. Deshalb dürfen Filme, die im Kino oder auf DVD veröffentlicht wurden und eine Freigabe ab 16 Jahren besitzen, nur zwischen 22:00 und 6:00 Uhr ausgestrahlt werden, Filme mit einer Freigabe ab 18 Jahren nur zwischen 23:00 und 6:00 Uhr. Dahinter steckt die Idee, dass jüngere Zuschauer zu diesen Sendezeiten normalerweise nicht fernsehen. Programme ohne vorherige FSK-Einstufung müssen auf der Grundlage des Jugendmedienschutz-Staatsvertrags (JMStV) nach denselben Kriterien entweder von den Sendern selbst oder von der Freiwilligen Selbstkontrolle Fernsehen (FSF) geprüft und entsprechend eingestuft werden. Ist die Einstufung offensichtlich fehlerhaft, drohen Beanstandungen und eventuell Bußgeldforderungen durch die nach dem Gesetz zuständige Aufsicht, die Kommission für Jugendmedienschutz (KJM). Bei der Einstufung nach den Jugendschutzkriterien spielt das Maß an Gewalt eine wesentliche Rolle, daneben ist die Darstellung sexueller Handlungen von Bedeutung. Dabei darf es nicht um Fragen des Geschmacks oder der Qualität gehen; vielmehr soll die voraussichtliche Wirkung auf Kinder oder Jugendliche einer entsprechenden Altersgruppe beurteilt werden. Sofern Zuschauer mit den Einstufungen durch die Sender oder den Entscheidungen der FSF unzufrieden sind, können sie sich mit Anfragen und Beschwerden an die Jugendschutzhotline der Einrichtung wenden.

Das Risiko der Ängstigung ist in verschiedenen Altersstufen demnach unterschiedlich zu bewerten. Für jüngere Kinder sind aufregende Krimiszenarien, vor allem Serienmorde und Leichenbilder, selbst wenn es sich dabei um fiktionales Geschehen handelt, schwer zu verkraften. Besonders schwierig wird es, wenn sich Parallelen zur eigenen Lebenswelt ergeben und das Geschehen dadurch praktisch nachvollziehbar wird. Unter solchen Umständen kann bereits der Streit zwischen Eltern in einer Fernsehserie Angst auslösen und es bedarf keineswegs einer typischen Krimihandlung, um jüngere Zuschauer nachhaltig zu beunruhigen. Ältere Kinder und Jugendliche sehen in Krimi- und Gruselfilmen hingegen durchaus reizvolle Spannungsmomente und entwickeln eine erste Lust am Grusel. Mit zunehmender Seherfahrung lernen sie, die Dramaturgie eines Filmes zu durchschauen, sie wissen um den fiktionalen Charakter filmischer Inszenierungen und um das gute Ende, das häufig am Schluss steht. Mit diesem Medienwissen können sie sich spannenden und auch gruseligen Szenarien stellen und daraus Vergnügen ziehen. Die Psychologie spricht hier von *Angstlust* und nimmt an, dass lustvolles Ängstigen die Selbstsicherheit sogar steigern kann. Wer sich der (fiktionalen) Gefahr erfolgreich gestellt hat, kann auf seine Kompetenz vertrauen, mit solchen Ängsten umzugehen. Mutproben im Teenageralter und die Frage »Wer schaut als Erster weg?« können durchaus in diesem Sinne interpretiert werden.

Ängstigung ist aber nur ein Wirkungsrisiko, das in Zusammenhang mit gewalthaltigen Medieninhalten diskutiert wird, und in der öffentlichen Debatte über gewalthaltige Computerspiele beispielsweise ist diese Art der Wirkung eher nachrangig. Viel weiter verbreitet ist die Sorge, solche Spiele würden das Aggressionspotenzial der Gamer erhöhen, ebenso wie ihre Bereitschaft, selbst Gewalt auszuüben. Eine solche Befürchtung knüpft an die *Stimulationstheorie* an, wonach die Medien unmittelbar wirkmächtige Handlungsstimuli aussenden können. Daneben besteht die Annahme, Jugendliche würden durch solche Spiele abstumpfen und sich anschließend von realer Gewalt unbeeindruckt zeigen. Die Wissenschaft spricht hier von einer möglichen *Habitualisierung*. Außerdem findet sich die Argumentation, Jugendliche würden aus medialen Gewaltdarstellungen lernen. In diesem Sinne nimmt auch die *Lerntheorie* an, in den Medien gezeigtes aggressives Verhalten könne Anreiz zur Nachahmung sein. Wenn sich der attraktive Superheld ausschließlich durch Gewalt behauptet, keine alternativen Handlungsformen anbietet und mit seinem Verhalten schließlich erfolgreich ist, liegt die Vermutung nahe, Jugendliche könnten hier ein geeignetes Vorbild erkennen.

Tatsächlich ist die Frage nach der Wirkung medialer Gewalt überaus komplex und nicht so einfach zu beantworten. Entsprechend gibt es eine beinahe unüberschaubare Fülle wissenschaftlicher Arbeiten, die sich mit der Thematik auseinandersetzen. Michael Kunczik und Astrid Zipfel haben deren Ergebnisse einmal zusammengefasst und sinngemäß formuliert, dass bestimmte Inhalte unter bestimmten Umständen bei bestimmten Rezipienten eine bestimmte Wirkung entfalten. Eine solche Aussage ist vielleicht nicht unbedingt befriedigend, sie gibt den Stand der Wirkungsforschung aber ganz gut wieder. Fest steht, dass einfache Wirkungsvermutungen nicht greifen. Wenn Jugendliche Mediengewalt wahrnehmen, ist bei der Abschätzung ihrer möglichen Folgen zu bedenken, wie häufig sie sich ihr aussetzen, welche Form medialer Gewalt sie sehen, wo diese Gewalt stattfindet und wie sie mit den Mitteln medialer Inszenierung umgesetzt ist. Daneben spielt es eine Rolle, aus welchem sozialen Milieu die jungen

Zuschauerinnen und Zuschauer kommen und welche Erfahrungen sie selbst mit Gewalt in ihrem realen Lebensumfeld machen oder gemacht haben. Wenn Eltern und Freunde Gewalt als ein probates Mittel der Konfliktlösung ansehen, Kinder zudem aggressionsbereit sind und selbst Gewalt erfahren haben, ist das Risiko größer einzuschätzen, dass mediale Gewaltdarstellungen tatsächlich problematische Wirkungen nach sich ziehen. Insofern sind hier eine Reihe völlig unterschiedlicher Faktoren zu berücksichtigen, die sowohl die Medieninhalte als auch die Rezipienten selbst betreffen. Einfache Kausalschlüsse lassen sich allein aus der Wahrnehmung medialer Gewaltdarstellungen nicht ziehen.

5. Rahmenbedingungen des Aufwachsens

Die Mediennutzung von Kindern und Jugendlichen findet nicht im »luftleeren« Raum statt. Sie ist immer in einen historischen, gesellschaftlichen und sozialen Rahmen eingebunden. Das in einer Gesellschaft jeweils aktuelle Bild von Kindheit hat einen erheblichen Einfluss auf das Angebot an Kindermedien und dessen Nutzung. Diese wiederum wird von den Eltern begleitet, bei jüngeren Kindern maßgeblich durch sie bestimmt. Im Jugendalter werden Freundinnen, Freunde und Peers immer wichtiger. Jetzt geht es darum, Freiräume zu schaffen, und auch hierzu werden Medien in Anspruch genommen. Dass pädagogische Institutionen wie Schule und Kindergarten Medien mit anderen Absichten in ihre Arbeit einbinden, ist naheliegend und konsequent. Lehren und Lernen stehen hier im Vordergrund, daneben sollen sie den kreativen und eigenverantwortlichen Umgang mit Medien fördern.

Die gesellschaftlichen Rahmenbedingungen von Kindheit zu beschreiben ist ein ambitioniertes Unterfangen, das an dieser Stelle nur sehr verkürzt angegangen werden kann. Die folgenden Ausführungen sollen Schlaglichter werfen und verdeutlichen, dass Aufwachsen immer im Zusammenhang mit gesellschaftlichen Entwicklungen zu sehen ist. Aus den Normen und Wertvorstellungen einer Gesellschaft ergeben sich Ansprüche und Erwartungen an die nachfolgenden Generationen. Sie lassen sich gut anhand solcher

Medienangebote nachzeichnen, die sich an Kinder richten oder sie abbilden. Andererseits konstruieren solche Produktionen Kindheitsbilder und prägen unsere Vorstellung von Kindheit und Jugend mit.

Studien zur heutigen Lebenssituation von Kindern zeichnen ein differenziertes Bild und verweisen zudem immer wieder auf kritische Momente. Daten der UNICEF zur Lage der Kinder in Industrieländern aus dem Jahr 2013 belegen beispielsweise, dass Kinder in Deutschland – obwohl materiell überdurchschnittlich gut ausgestattet und weit überdurchschnittlich gebildet – mit ihrem eigenen Leben nicht besonders zufrieden sind. In keinem anderen Industrieland ist die Kluft zwischen den objektiven Lebensumständen und der subjektiven Lebenszufriedenheit der Kinder so groß wie in Deutschland. Aus ihren sozialen Beziehungen, dem Verhältnis zu ihren Mitschülerinnen, Mitschülern und Eltern resultiert die Unzufriedenheit den Daten zufolge aber nicht. In ihren Schulklassen fühlen sie sich mehrheitlich gut aufgehoben und das Verhältnis zu Mutter und Vater ist überwiegend von Vertrauen geprägt. Woher also könnte die Unzufriedenheit rühren?

Sicher beantworten lässt sich die Frage nicht. Die Autoren der Studie selbst spekulieren, der stete Vergleich mit den Schönen und Reichen der globalisierten und kommerzialisierten Medienwelt könnte hier eine Rolle spielen und dazu führen, dass Heranwachsende mit sich selbst unzufrieden sind. Die Vermutung scheint zunächst plausibel. Medien zeigen das Leben immer wieder in idealisierter Form. Wir werden mit unerreichbaren Lebensstilen konfrontiert, begegnen vermeintlichen Schönheitsidealen und Menschen, die es zu etwas gebracht haben. Warum aber faszinieren uns solche Menschen? Vergleichen wir uns tatsächlich mit diesen idealisierten und stilisierten Medienfiguren, deren Darstellung zu einem guten Teil den Inszenierungsmechanismen der Medien geschuldet ist? Psychologen wissen, dass der soziale Vergleich zunächst einmal etwas ganz Natürliches ist. Wir vergleichen uns mit anderen, um etwas über uns selbst zu erfahren. Wenn wir dabei aus unserer Sicht gut abschneiden, stärkt das unser Selbstwertgefühl; andernfalls kann es uns motivieren, unsere Leistung zu verbessern. Das war aber schon immer so und taugt offensichtlich nicht allein als Argument, um den derzeit hohen Stellenwert von Selbstoptimierung zu erklären.

Eher können soziologische Debatten, die gesellschaftliche Phänomene beobachten und analysieren, weiterhelfen. Sie weisen darauf hin, dass wir derzeit in einem gesellschaftlichen Klima leben, das Leistung stilisiert und den Zwang zur Selbstoptimierung damit verschärft. Ein Grund hierfür ist, dass Lebenswege heute weniger durch familiäre Traditionen vorgegeben sind. Heranwachsende haben heute eher als frühere Generationen die Möglichkeit, sich selbst zu verwirklichen und aus ihrem Leben etwas zu machen. Der Soziologe Ulrich Beck hat diese Entwicklung in seinen Ausführungen über die Risikogesellschaft im Jahr 1986 beschrieben. Die Kehrseite der Medaille ist der Zwang zur Selbstverwirklichung und damit die Schwierigkeit, im Sinne gesellschaftlicher Normen und Vorgaben tatsächlich auch etwas leisten, etwas aus sich machen zu müssen. Es liegt also nahe, dass sich schon Kinder den Erwartungen und Anforderungen einer »Leistungsgesellschaft« zu stellen haben.

Wenn wir uns den Alltag von Eltern und Kindern heute ansehen, erscheint diese Annahme nicht völlig unberechtigt. Bereits die Auswahl des richtigen Kindergartens stellt für viele Eltern eine Herausforderung dar. Wo werden die Kinder angemessen gefördert, welche Einrichtung entspricht der Persönlichkeit des Kindes und welche Chancen sind zu nutzen, um Bildungsdefiziten frühzeitig entgegenzutreten? All das sind Fragen, denen sich Eltern häufig schon vor der Geburt ihrer Kinder widmen. Frühkindliche Bildungsangebote wollen sortiert werden; vor allem die weiterführenden Schulen müssen aus Sicht der Eltern hohen Anforderungen genügen, um erfolgversprechende Karriereverläufe abzusichern. Wenn

Kindergärten Deutsch und Englisch als »Verkehrssprache« anbieten und das Fremdsprachenangebot durch Chinesisch ergänzen – so ein Brandenburger Kindergarten auf seiner Homepage –, trifft das offensichtlich die Erwartungen einer ambitionierten Elternschaft und lässt auf eine entsprechende Nachfrage schließen.

Es überrascht nicht, dass sich solche gesellschaftlichen Entwicklungen in den Medien widerspiegeln. Casting-Shows zeigen, wie sich der bzw. die Einzelne auf dem Weg nach oben positioniert und durch Talent, vor allem aber durch Anpassung, vermeintliche Erfolge erzielt. Auch die Werbung setzt Bildung und die Förderung der Entwicklung bereits bei den Jüngsten als probate Verkaufsargumente ein. Nur so ist zu erklären, dass sich Fernsehsender an Babys als Adressaten für spielendes Lernen richten. BabyTV von FOX International Channels nimmt unter Dreijährige mit seinem 24-Stunden-Programm in den Blick und sieht sein Ziel ausdrücklich auch darin, sie zum Lernen zu animieren. Eine solche Entwicklung entspricht sicherlich weniger dem Bedürfnis der Kleinkinder nach Bildung als vielmehr der Sorge der Eltern, ihr Nachwuchs könne nicht rechtzeitig genug gefördert werden, und der Angst, Bildungschancen bereits in frühester Kindheit zu verpassen. Dass Lerncomputer schon für Kindergartenkinder angeboten werden, ist ein weiteres Beispiel hierfür: Die Firma Vtech bietet interaktive Lerntablets bereits für Kinder ab vier Jahren an. Neben vielfältigen Funktionen können die Vorschüler mit dem Tablet unter anderem – das verspricht der Werbetext – wichtige Termine in den Kalender eintragen und verwalten. Das verdeutlicht beispielhaft, warum Kindheitsforscher von *Terminkindheit* sprechen, wenn sie die Lebenssituation Heranwachsender beschreiben. Kinder sind heute in zahlreiche institutionalisierte Freizeitaktivitäten eingebunden, die Koordination erfordern; in der Regel obliegt die Terminverwaltung freilich den Eltern. Mit entsprechenden Werbebotschaften signalisieren die Unternehmen aber, dass sie die

Lebenswelten von Kindern und Jugendlichen kennen, und appellieren gleichzeitig an das Bedürfnis der Eltern, die Chancen des Aufwachsens zu nutzen und ihre Kinder bestmöglich zu fördern.

Überhaupt ist es lohnend, sich Werbespots einmal genauer anzusehen, um aktuelle Bilder von Kindheit und die damit verbundenen Bedingungen des Aufwachsens zu erkennen. Bei Produkten, die sich an Kinder richten, sind die Eltern als Käufer immer mitgedacht. Nur das Kind von der Schokolade zu überzeugen reicht nicht aus und dürfte im Übrigen nicht allzu schwer sein. Wirklich zu überzeugen gilt es die Eltern, und hier muss Werbung an aktuelle Befindlichkeiten anknüpfen: Gesunde Ernährung steht bei Vätern und Müttern hoch im Kurs, also locken Werbespots mit dem Nährwert der Bonbons, des Kuchens oder der Schokolade. Kaubonbons mit Vitaminen und die Süßigkeit mit der Extraportion Milch sind nur zwei der populärsten Beispiele. Interessant ist zudem, dass Kinder auch in solchen Werbespots vorkommen, die sich mit ihren Produkten explizit gar nicht an sie, sondern an ein erwachsenes Publikum richten. Wir finden Kinder in der Bewerbung von Bausparkassen, Autos und Supermärkten. Niemand wird annehmen, dass Unternehmen die Jüngsten hier ernsthaft als Kunden in Betracht ziehen; allerdings beziehen Eltern ihre Kinder heute durchaus und weitreichend in ihre Kaufentscheidungen mit ein. Mitunter erhält der Nachwuchs beim Kauf eines neuen Autos Mitspracherecht, und die Anschaffung des nächsten Fernsehers wird nicht selten als Familienentscheidung getroffen. Auch hier reagiert die Werbung auf aktuelle familiäre Lebenssituationen, die Wissenschaftler mit der Bezeichnung *Verhandlungshaushalt* umschreiben. Wünsche werden in der Familie ausgehandelt, Kinder erhalten Mitsprache, und Erziehung findet oftmals auf Augenhöhe statt, mit dem Anspruch, Hierarchien so weit wie möglich abzubauen.

Bereits die wenigen Beispiele zeigen, dass das Medienangebot einer Gesellschaft, die Bedingungen des Aufwachsens und die Nutzung der Medien eng miteinander verwoben sind. Das macht es schwierig, einfache Wirkungsprozesse zu bestimmen. Wir können nicht sagen, eine Gesellschaft sei aufgrund ihres Medienangebotes so konstituiert, wie sie sich darstellt. Und damit greifen wir gleichermaßen zu kurz, wenn wir allein Medienbotschaften für die Lebenslagen von Kindern verantwortlich machen. Vielmehr geht es um ein Zusammenspiel, für das gesellschaftliche, historische und soziale Entwicklungen gleichermaßen verantwortlich zeichnen. Daneben sind die konkreten Lebenszusammenhänge, in denen Kinder aufwachsen, von Bedeutung. Eltern und Geschwister, Freundinnen, Freunde und Bekannte nehmen Leitbilder auf, setzen sie im alltäglichen Handeln um und können sie in gleicher Weise konterkarieren.

Lebenswelten

Neben der gesamtgesellschaftlichen Perspektive müssen wir beim Blick auf das Medienhandeln also immer auch die konkreten Lebenszusammenhänge berücksichtigen, um etwas über seine Bedeutung im Entwicklungsprozess von Kindern und Jugendlichen zu erfahren. Hier findet der ganz alltägliche Umgang mit Film und Fernsehen, der Austausch in Chats und Foren sowie die Unterhaltung über Medien statt, die sich daran anschließt. Zum unmittelbaren Lebensumfeld gehören die Familie und die Freundescliquen, je nach Alter der Kinder außerdem der Kindergarten oder die Schule. Die Wissenschaft hat sich mit all diesen Instanzen ausführlich beschäftigt und betrachtet, wie Kinder und Jugendliche hier Medien gebrauchen und welche Zugangswege zu Medien sich durch sie ergeben. Der Wechselwirkungen zwischen dem Lebensumfeld Heranwachsender und ihrem Medienhandeln hat sich die *medienökologisch* ausgerichtete Forschung schon vor einigen Jahrzehnten angenommen. So hat der Bielefelder Erziehungswissenschaftler und Medienpädagoge Dieter Baacke die verschiedenen Lebensbereiche des Aufwachsens einer sozialökologischen Denkrichtung entsprechend systematisiert. Nach Baacke liegt der besondere Wert der sozialökologischen Perspektive darin, dass sie den Menschen in ihrer Lebenswelt betrachtet, sein Handeln also aus ganz verschiedenen Blickwinkeln beschreibt und sich nicht nur auf einzelne Ausschnitte von Lebenswelt konzentriert. Das macht es notwendig, sich die Familie und ihre Wohnungen anzusehen, ebenso wie Straßen, Plätze und Treffpunkte, an denen sich Jugendliche aufhalten. Nur so sei zu verstehen, wie Heranwachsende leben und denken und welche Konsequenzen sich daraus für sie und ihre Umwelt ableiten lassen.

In späteren Studien haben Dieter Baacke, Ralf Vollbrecht und Uwe Sander diesen Ansatz ausdrücklich auf die Mediennutzung Heranwachsender bezogen. Sie sind davon ausgegangen, dass in unterschiedlichen Lebensfeldern (Zonen) unterschiedliche Medien gleichermaßen von Bedeutung sind und deren Funktion mit dem jeweiligen lebensweltlichen Umfeld in Zusammenhang steht. Heutzutage lassen sich den einzelnen Zonen zwar nicht mehr ausschließlich bestimmte Medien zuordnen, dennoch ist die Systematisierung eine gute Ausgangsbasis, um die Wechselwirkung zwischen der Lebenswelt, ihren Akteuren und dem Medienhandeln Heranwachsender besser zu verstehen (siehe Abb. 3).

Nach Baacke bewegen sich Kleinkinder vor allem im *ökologischen Zentrum* und damit im Kreis ihrer Familie. Damit sind in der Regel Eltern und Geschwister ihre wesentlichen Bezugspersonen. Die räumliche Umgebung ist vor allem das Zuhause und häufig das eigene oder mit Geschwistern geteilte Kinderzimmer. In erster Linie bestimmen die Eltern den Alltag und regeln damit auch den Zugang zu Medien. Welche Medien überhaupt verfügbar sind, wird durch die Eltern und die Ausstattung der Wohnung maßgeblich bestimmt. Mit zunehmendem Alter erweitert sich der soziale und räumliche

Abb. 3   Schematische Darstellung der vier ökologischen Zonen

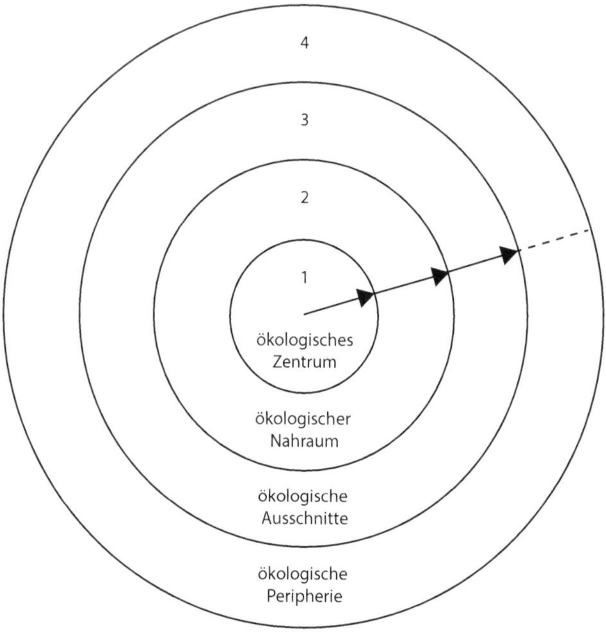

Quelle: Baacke, D. (1985). Die 13- bis 18jährigen. Beltz. 4. Auflage. S. 50

Radius *(ökologischer Nahraum).* Damit kommen erste (nach-barschaftliche) Freundschaften hinzu, deren Kontaktpflege aber meistens noch die Eltern übernehmen. Spätestens im Schulalter knüpfen Heranwachsende selbstständig Freund-schaftsbeziehungen. Sie wählen ihre Bezugspersonen, mit denen sie ihre Freizeit verbringen, und den jeweiligen Treff-punkt. Hier kommt der benachbarte Bolzplatz ins Spiel oder das Kino um die Ecke. Die Zone der *ökologischen Ausschnit-te* ist durch funktionale Umgebungen bestimmt. Den Anfang machen die Kinderkrippe oder der Kindergarten. Das Kind wird nun zusätzlich über einen gesellschaftlich funktionalen Bereich und seine Rolle darin definiert. Hier gibt es bestimmte Regeln, die einzuhalten sind, und vonseiten der Eltern werden entsprechende Erwartungen formuliert: »Immerhin bist du jetzt schon ein Kindergartenkind!« Vor allem im Kindergarten und in der Schule steht das Lernen über und mit Medien im Vordergrund, das pädagogisch angeleitet und didaktisch konzipiert ist. In der *ökologischen Peripherie* liegen Orte, die Kinder und Jugendliche im Alltag eher selten aufsuchen und die damit eine Ausnahme darstellen. Das kann der Urlaub in Spanien sein, auch der Besuch bei Oma und Opa kann Seltenheitswert haben, wenn sie weit entfernt wohnen. Mit der Digitalisierung der Medienwelt ist es leichter geworden, Entfernungen zumindest virtuell zu überbrücken. Während vormals noch Brieffreundschaften gepflegt wurden, können Kontakte heute weltweit über Mail, SMS oder Skype aufrechterhalten werden. Selbst die Großeltern können sich dieser Medien heute oftmals bedienen und hierüber am Alltag ihrer Enkel teilhaben.

Inzwischen haben zahlreiche Studien die Bedeutung der unterschiedlichen Lebensfelder für Kinder und Jugendliche herausgearbeitet, freilich ohne sich dabei immer auf den sozialökologischen Ansatz zu beziehen. Vor allem das Medienhandeln in der Familie ist gut erforscht, Gleiches gilt für die Bedeutung von Medien in Freundschaftsbeziehungen. Daneben sind der Einsatz von Medien in der Schule und die Frage, welche Aufgabe ihnen hier zukommt, bedeutsame und vielfach bearbeitete Themenfelder, die zudem von öffentlicher und politischer Relevanz sind. Zu betonen ist, dass sich die Lebensfelder, in denen sich Kinder und Jugendliche bewegen, nur analytisch voneinander trennen lassen. Im wirklichen Leben gehen sie ineinander über, bedingen sich und führen zu Wechselwirkungen. Die Komplexität des Aufwachsens lässt sich theoretisch also deutlich besser beschreiben, als sie sich empirisch nachzeichnen lässt.

Medien in der Familie

Der Weg zu den Medien regelt sich vor allem für die Jüngsten über die Familie. Bereits im Babyalter machen es sich Väter und Mütter zur Aufgabe, den Kleinen etwas vorzulesen und lassen die Gute-Nacht-Geschichte vor dem abendlichen Schlafengehen zur Gewohnheit werden. Forschungsarbeiten können belegen, dass die Einstellung, die Kinder zum Buch später einmal einnehmen, schon früh geprägt wird. Noch bevor der Nachwuchs in der Lage ist, sich sprachlich zu äußern, ja, lange vor der Fähigkeit, selbstständig zu lesen, kann sich entscheiden, welche Bedeutung Bücher im Leben der Heranwachsenden haben werden. Die Leseforscherin Bettina Hurrelmann hat das in ihren Studien gut belegt. Sie konnte zeigen, dass der anregende Umgang mit Sprache bereits für Kleinkinder wichtig ist. Wenn Eltern ihren Kindern Lieder vorsingen, Bücher vorlesen, gemeinsam mit ihnen reimen oder Sprachspiele spielen, ist damit ein Grundstein für das Leseinteresse gelegt.

Maßgeblich ist auch das Vorbild der Eltern. Wenn sie selbst lesen, zeigen sie, dass es sich offensichtlich um eine interessante und möglicherweise nachahmenswerte Tätigkeit handelt. Darüber hinaus gibt es zahlreiche non-verbale Signale, die Kindern in der Familie deutlich machen, dass Bücher geschätzt sind. Überlegen Sie selbst einmal, welche das sein könnten … Hier nur einige Beispiele: Die langen Bücherregale im Wohnzimmer verweisen auf den Stellenwert des gedruckten Wortes. Zudem lassen Bibliotheksbesuche auf die Bedeutung des Buches schließen oder der Besitz eines Leseausweises, den viele Büchereien für Kinder kostenlos anbieten. Wer stets einen Roman auf dem Nachttisch bereithält oder den Urlaub nicht ohne Lektüre antritt, macht deutlich, dass ihm das Buch etwas bedeutet. Schließlich signalisieren Gespräche über Literatur, sei es in der Familie oder im Freundeskreis, dem Nachwuchs, dass Bücher spannend, interessant oder zumindest diskussionswürdig sind.

Genauso ist die Fernsehnutzung von Kindern eng mit dem familiären Alltag verbunden. Kinder sehen überdurchschnittlich häufig mit ihren Eltern oder ihren Geschwistern fern. Die Funktionen, die sie mit dem Fernsehen verbinden, sind unterschiedlich. Häufig geht es um Ablenkung, Zeitvertreib oder schlicht um Unterhaltung. Die vorsichtige, aber dennoch erwartungsfrohe Frage »Darf ich fernsehen?« ist vielen Müttern und Vätern hinreichend bekannt. Dabei stellen die Kinder oftmals bestimmte Erwartungen an ein beliebtes und bekanntes Programm; manchmal fehlt ihnen aber auch nur eine geeignete Alternative, Freizeit zu verbringen und auszufüllen. Wenn gute Freunde nicht erreichbar sind oder keine Zeit haben, schlechtes Wetter dem Spielen im Freien entgegensteht oder Eltern einfach einmal ungestört sein wollen, sind Medien oftmals lediglich die zweite Wahl.

Ab und zu liegt es sogar im ausdrücklichen Interesse der Eltern, den Fernseher für den Nachwuchs einzuschalten, und das aus ebenso unterschiedlichen Gründen. Sie schaffen sich dadurch Freiräume, nutzen die Zeit beispielsweise für Hausarbeiten oder möchten am Wochenende einfach mal ausschlafen. Manchmal geht es ihnen auch um ein gemeinsames Erlebnis. Wird der spektakuläre Kinofilm im Fernsehen ausgestrahlt, ist das ebenso ein Event wie die Übertragung sportlicher Großereignisse oder das Finale einer Casting-Show, bei dem Eltern und Kinder gleichermaßen ihren Favoriten die Daumen drücken. Außerdem schafft das gemeinschaftliche Fernsehen Nähe, wenn es sich Eltern und Kinder auf dem Sofa gemütlich machen. Weniger harmonisch geht es hingegen zu, sobald Medien zum Instrument elterlicher Erziehung werden. Das Fernsehverbot ist nach wie vor ein probates Mittel, Fehlverhalten von Kindern zu ahnden. Andererseits schaffen Eltern ihren Kindern Vergünstigungen und belohnen sie, indem sie die Fernsehzeit ausweiten. Außerdem unterstützt das Fernsehen familiäre Rituale wie das Zu-Bett-Gehen. Seit Generationen wissen Kleinkinder, dass nach dem

Sandmännchen Schlafenszeit ist. Damit ritualisiert das Fernsehen Familienzeit, es strukturiert den Alltag, setzt Marker
und ordnet den Tagesablauf. Erwachsene handeln hier ähn-
lich und sehen den Abend oftmals mit dem Programm ab
20.00 Uhr eingeläutet. Diese Strukturierung geben sie an ihre
Kinder weiter und nehmen hierfür auch die (Kinder-)Medien
in Anspruch.

Medienhandeln in der Familie heißt aber nicht nur, Fern-
sehzeiten zu begrenzen und zu reglementieren. Viele Programme erfordern die Einordnung des Gesehenen, was vor
allem jüngere Kinder allein so noch nicht leisten können. Das
betrifft ganz unterschiedliche Sendungen und Inhalte. Bil-
dungssendungen profitieren beispielsweise von der Unterstützung der Eltern, wenn diese die Lernprogramme kommentie-
ren und durch eigenes Wissen ergänzen. Hier können Eltern
deutlich machen, wo sich bestimmte Phänomene im Alltag
finden, und durchaus einmal dazu anregen, kleinere Experimente nachzustellen. Vor allem bei Nachrichtensendungen,
die selbst Erwachsene nicht immer in allen Einzelheiten verstehen, ist Hilfestellung wichtig. Wenn Eltern Nachrichten – und dazu zählen auch solche, die sich ausdrücklich an
jüngere Zuschauer wenden – gemeinsam mit den Kindern sehen, können sie Unverständliches aufgreifen und erläutern.
Sie können beispielsweise die Bedeutung von Gesetzesände-
rungen mit Blick auf den eigenen Familienalltag nachvollziehbar machen und damit auf die Tragweite politischer Entscheidungen verweisen. Bei ängstigenden Inhalten, die sich
durchaus auch in Kindersendungen finden können, müssen
Eltern das Gesehene flankieren. Selbst wenn die Redakteu-
rinnen und Redakteure von Kindernachrichten ausgesprochen sensibel vorgehen, gibt es immer wieder Meldungen, die
jüngeren Zuschauern Sorgen bereiten. Dazu gehören Flücht-
lingsschicksale von Kindern ebenso wie der Absturz eines
Flugzeuges, bei dem Jugendliche ums Leben gekommen sind.
Die unmittelbare Anbindung an die eigene Lebenswelt, sei

es durch das Alter der jungen Betroffenen oder durch die er-
schreckende Alltäglichkeit der Unglückssituation (Flugzeug-
absturz), führt zur Identifikation und erschwert Distanzierung. Hier helfen Gespräche mit Eltern oder nahestehenden
Personen, die Fragen beantworten, Gefühle auffangen, thematisieren und damit Sicherheit geben.

Wenn Medien über die eigentliche Rezeptionssituation hinaus Bedeutung haben, führt das oftmals zu anschließenden
Gesprächen. Menschen sprechen über Medien und ihre Inhalte, binden sie dabei in den Alltag ein und verleihen ihnen subjektiven Sinn. Diese Form der *Anschlusskommunikation* spielt
auch in Familien eine wichtige Rolle. Die Studien der Medienwissenschaftlerin Angela Keppler über »Tischgespräche«
konnten das anschaulich belegen. Durch umfangreiche Ton-
bandaufzeichnungen in Familien und Wohngemeinschaften
hat sie die Bedeutung solcher Gespräche aufgezeigt, die sich
sowohl auf gemeinsame als auch unterschiedliche Medienerfahrungen beziehen und die erst im Anschluss an die eigentliche Rezeption geführt werden. Wie sich zeigte, handeln
Familienmitglieder so Sichtweisen aus und verständigen sich
über Dinge, die im Alltag üblicherweise nicht vorkommen. In
einer Familie ging es beispielsweise um die Frage, wie man
eine Travestieshow richtig präsentiert. Da die Familienmitglieder hier selbst keine einschlägigen Erfahrungen vorwei-
sen konnten, dienten Fernsehshows auf unterhaltsame Weise
als Referenz. Die in den Medien vertretenen Meinungen werden dabei nicht zwangsläufig übernommen, sondern in der
Auseinandersetzung zwischen Eltern und Kindern verhandelt
und neu gedeutet. Das geschieht nach Keppler aus ganz unterschiedlichen Gründen. Medienthemen können schlicht spannender sein als der gegenwärtige Alltag und ermüdende Ge-
sprächssituationen wieder neu beleben. Umgekehrt lenkt der
Stoff der Medien die Aufmerksamkeit um, wenn Familien-
gespräche in Streitigkeiten auszuarten drohen. Wer an den ge-
selligen Fußballabend erinnert, lenkt von allzu Persönlichem

ab, schafft Bewusstsein für gemeinsam Erlebtes und stärkt das Gefühl von Zusammenhalt, das eben auch aus gemeinschaftlichen Medienerlebnissen gespeist werden kann.

Freunde und Peers

Wenn sich Kinder von den Eltern abnabeln und Selbstständigkeit proben, dann werden Freunde und Gleichaltrige wichtiger. Auch hier übernehmen Medien unterschiedliche Funktionen, über die sich das gemeinschaftliche Miteinander dann regelt. So spielen Medienvorlieben bereits im Kindergartenalter eine entscheidende Rolle, wenn es darum geht, Kontakte zu schließen und sich auf ein *gemeinsames Spiel* zu verständigen. Jüngere Kinder beziehen sich in ihrem Spiel häufig auf Geschichten, die sie aus den Medien kennen. Hier finden sie Rollen und Handlungsmuster, die sie in der Auseinandersetzung mit Freundinnen und Freunden umsetzen und ausleben können. Kinder kennen zahlreiche Figuren aus den Medien, an denen sie sich orientieren und abarbeiten. Omnipotente Superheldinnen und Superhelden bieten Vorlagen für kindliche Spiele, zu denen aus Sicht der Kinder Bob der Baumeister ebenso taugt wie Spiderman. Gleichermaßen sind Zauberer, Feen und sonstige Märchen- und Fabelwesen in das Spiel eingebunden. In ihrer Fantasie können Kinder Rollen gestalten und sich Eigenschaften zuschreiben, die sie in Wirklichkeit (noch) nicht haben. Sie machen ja beinahe täglich die Erfahrung, für etwas noch zu klein zu sein oder etwas noch nicht zu können. Da bieten Medienvorlagen eine gute Gelegenheit, sich einmal allmächtig und grenzenlos stark zu fühlen. In ihrem Spiel beziehen sich die Kinder aufeinander, organisieren sich und ihr Vorgehen: »Jetzt bin ich mal der Gangster, du warst eben schon.« Auf diese Weise verarbeiten sie Stimmungen und Gefühle, setzen sich mit Verhaltensmustern auseinander und gestalten ihre Beziehungen zu Gleichaltrigen.

Während bei jüngeren Kindern das Spiel im Vordergrund steht, dienen Medien Älteren vor allem zum gemeinschaftlichen Austausch und sind dabei Vehikel zur Selbstbestätigung und Anerkennung. Mit pausenlosem Telefonieren konnten Teenager schon vor Generationen Eltern in den vermeintlichen Wahnsinn treiben. Heute sind es die neuen Medien, die beim kommunikativen Austausch eine wesentliche Rolle spielen. Ganz selbstverständlich bewegen sich Jugendliche in den sozialen Gemeinschaften des Internets. Hier verabreden sie sich, informieren sich über Neues und teilen sich mit. Die Digitalisierung der Medien hat wesentlich dazu beigetragen, die Kommunikationskanäle Jugendlicher zu vervielfältigen. Teenager tauschen sich über Facebook oder dessen Kurznachrichtendienst WhatsApp aus, um sich gegenseitig auf dem Laufenden zu halten, Verabredungen zu treffen und Befindlichkeiten mitzuteilen. Jugendliche nutzen diese Möglichkeit zur Profilierung ebenso, wie sie Postings schreiben. Wer bei Facebook vermerkt, dass er gerade mit Freunden zu einer Party geht, impliziert oder suggeriert damit weitere Informationen: Ich habe Spaß, mir geht es gut, ich habe Freunde, nehme am Leben teil. Die Formulierung von Nachrichten ist damit immer auch eine Form des Selbstausdrucks und Teil der Frage, wie ich von anderen gesehen und wahrgenommen werden möchte – fraglos Bestandteil des Spiels mit der eigenen Identität. Das wird wiederum häufig von den Medien gelenkt, beispielsweise wenn Facebook seine Nutzer auffordert, Vorlieben über Musik, Filme, Bücher und Fernsehshows zu nennen. Ebenso ermöglichen Fotos und Videos – mit dem eigenen Smartphone schnell erstellt – die bildliche Darstellung der eigenen Person. Die unmittelbare Wahrnehmung durch andere ist grundlegender Bestandteil der Onlinekommunikation. Für Jugendliche sind diese Plattformen selbstverständlicher Teil ihrer Ausdrucks- und Lebenswelten geworden, wo sie ihr Selbst- und Fremdbild erproben und verhandeln. Dass damit gleichzeitig zahlreiche Probleme und Anforderungen

verbunden sind, die Grenzen des Darstellbaren und das Verständnis von Privatheit ebenso betreffen wie die Kompetenz
im Umgang mit den neuen Medien, stellt Heranwachsende
und ihr soziales Umfeld vor Herausforderungen.

Die inhaltlichen Medienvorlieben ändern sich im Jugendalter und werden von Freunden mitbestimmt. So rücken mit
zunehmendem Alter die Stars der Medien in den Vordergrund und finden unter den Teenagern ihre Anhänger. Populäre Musikerinnen wie Rihanna, bekannte Schauspieler erfolgreicher Kinofilme und Serien oder YouTube-Berühmtheiten
wie Gronkh und Dagi Bee sind Mittelpunkt von Gesprächen
und Fan-Aktivitäten. In der Auseinandersetzung mit ihren
Stars träumen sich Heranwachsende in Rollen und imaginier-
te Beziehungen. Sie orientieren sich an Medienpersonen, nehmen sie als Vorlage für Lebensentwürfe, die sie selbst wieder
neu- und umgestalten. Dabei spielen Gleichaltrige eine wichtige Rolle. Im gemeinschaftlichen Miteinander können sich die
Jugendlichen ihres gegenseitigen Standpunktes versichern. In
Fan- und Freundschaftsbeziehungen können sie ihre oftmals
intensiven Gefühle ausleben. Wer schon einmal kreischende
Teenager bei einem Konzertbesuch erlebt hat, wird das bestätigen können. Freundschaften zu Gleichaltrigen werden auf
diese Weise gestärkt. Sie dienen als Stütze in einer Zeit, die
emotional aufwühlend und mitunter durchaus prekär ist. Die
gegenseitige Anerkennung erfolgt auch in der gemeinsamen
Nutzung von Medieninhalten. Wenn sich Heranwachsende
Casting-Shows ansehen, steht oftmals der Austausch darüber
im Vordergrund. Das Verhalten der Juroren bei »Deutschland
sucht den Superstar« und Bewerberinnen bei »Germany's next
Topmodel« gibt Anlass für Bewertungen und Diskussionen.
Dabei dienen die Darstellerinnen und Darsteller keineswegs
der schlichten Nachahmung. Immer wieder sind sie Anlass
für den Austausch in der (Freundschafts-)Gruppe sowie der
gemeinsamen Aushandlung von Standpunkten und Werthal-
tungen, die dem Gezeigten durchaus entgegenstehen können.

Sobald Heranwachsende im Teenageralter Personen bewundern, die ihnen nur aus den Medien bekannt sind, treffen sie damit nicht immer den Geschmack der Erwachsenen. Gleiches gilt für inhaltliche Vorlieben, seien es Computerspiele oder Youtube-Clips. Häufig fällt es Eltern schwer, für die aus ihrer Sicht oftmals skurrilen oder gar albernen Inhalte Verständnis zu entwickeln. Gerade dieses Unverständnis reizt Heranwachsende aber, da es ihnen Abgrenzung ermöglicht und Freiraum verschafft. Bereits 1991 konnte Waldemar Vogelgesang in seinen Untersuchungen zu jugendlichen Horrorfilmfans belegen, dass das Unverständnis der Eltern oftmals ein wesentliches Motiv für Jugendliche ist, sich solche Filme überhaupt anzusehen. Heranwachsende wollen von Eltern auch einmal unverstanden bleiben und sich abgrenzen. Seit der Studie von Vogelgesang sind zwar mehr als zwei Jahrzehnte vergangen, doch seine Beobachtungen dürften nach wie vor ihre Gültigkeit besitzen. In einer Gesellschaft, in der Kinder schon früh mit Leistungsanforderungen konfrontiert sind, bieten Medien alternative Handlungsräume und damit Entlastung wie auch Entspannung, die gemeinsam mit Freunden ausgelebt werden.

Kindergarten und Schule

Das Medienhandeln in pädagogischen Institutionen wie dem Kindergarten oder der Schule ist deutlich stärker an Rahmenbedingungen und strikte Vorgaben gebunden als der Umgang mit Medien in der Familie oder in der Freundesgruppe. Dennoch tragen Kinder und Jugendliche ihre Medienvorlieben und -gewohnheiten in diese Institutionen hinein. Die Bereitschaft und die Fähigkeit der Verantwortlichen, mit den Erwartungen der Kinder umzugehen, sind nicht immer selbstverständlich und fordern neben pädagogischen Konzepten immer auch ein persönliches Engagement der Erzieherinnen und Erzieher wie auch Lehrerinnen und Lehrer. Pädagogischen Institutionen kommt damit die Aufgabe zu, alltägliches Medienhandeln von Kindern und Jugendlichen aufzunehmen und auf den Umgang mit Medien angemessen zu reagieren. Vor allem im Kindergarten ist eine solche Begleitung wichtig. Kinder nutzen Medienthemen auch, um Befindlichkeiten auszudrücken. Während ihnen der sprachliche Ausdruck oftmals noch etwas schwer fällt, zeigen sich ihre handlungsleitenden Themen im Spiel, in gemalten Bildern oder Verkleidungen, die sich Medienfiguren zum Vorbild nehmen. In den vorhergehenden Ausführungen zur Medienaneignung von Kindern haben wir das genauer betrachtet. Wenn Pädagogen Kinder hier aufmerksam beobachten und begleiten, liegt darin eine Chance, Zugang zu ihren Gedanken und Gefühlen ebenso wie zu ihren Sorgen und Ängsten zu erhalten.

Für Pädagogen geht es aber nicht nur darum, den Selbstausdruck mit Medien zu deuten. Gleichermaßen ist es ihre Aufgabe, den kompetenten Umgang mit Medien frühzeitig zu fördern. Die Daten zum Medienhandeln von Kindern haben gezeigt, dass Unterschiede im Mediengebrauch nicht nur durch das Alter bedingt sind. Kinder und Jugendliche in verschiedenen sozialen Milieus gehen ebenfalls unterschiedlich mit Medien um und ziehen aus ihren Inhalten mehr oder weniger Nutzen. Die in der Kommunikationswissenschaft verankerte Theorie der wachsenden *Wissenskluft* geht auf diesen Zusammenhang von Bildungsbenachteiligung und Wissensdefiziten ein. Vereinfacht formuliert sagt sie aus, dass Mediennutzer aus formal höheren Bildungsschichten Medien effizienter zur Bildung und Information nutzen können als Personen, die einem formal niedrigeren Bildungsmilieu angehören. Die weiter oben geschilderten Beobachtungen zur Lesesozialisation in der Familie sprechen für eine solche Annahme und zeigen die große Bedeutung einer anregungsreichen Umgebung auch für den qualifizierten Umgang mit Medien. Hier sehen sich Kindergärten und Schulen gleichermaßen herausgefordert, den kompetenten Medienumgang zu unterstützen und vor allem dort zu fördern, wo familiäre Defizite bestehen.

Medienpraktische Projekte dokumentieren, wie eine solche Förderung aussehen kann. Die Beispiele hierfür sind zu zahlreich, um sie an dieser Stelle breiter darzustellen. Viele Projekte unterstützen den Selbstausdruck mit Medien und bringen Kindern bei, sich auf diese Weise Gehör zu verschaffen. Hier spielen der Umgang mit der Medientechnik eine Rolle, das Wissen über mediale Gestaltungsmittel und die Frage, wie ich ein Thema aufbereite, um mein Anliegen wirksam zu vermitteln. Dabei ist zu berücksichtigen, dass die Förderung von *Medienkompetenz* dem Alter und dem Entwicklungsstand der Kinder entsprechen muss. So beziehen Kindergärten vor allem Hörmedien in ihre medienpädagogische Arbeit ein, die von Vorschülern verstanden und selbst genutzt werden. Erst mit dem Erwerb der Lesefähigkeit kann dann eine differenzierte Auseinandersetzung mit Printmedien folgen. Der audiovisuelle Ausdruck wiederum kann von der ersten Fotowand im Kindergarten bis zum umfangreichen Filmprojekt in der Oberstufe reichen.

Besonders wichtig sind Medien zudem als Lehr- und Lernmedien. Immer wieder werden sie in der Schule eingesetzt, um Wissen zu vermitteln. Der obligatorische Unterrichtsfilm ist ein Klassiker auf diesem Gebiet, an den sich Generationen von Schülerinnen und Schülern sicherlich erinnern. Seit dem Aufkommen der neuen Medien werden weitreichende Debatten über den angemessenen Einsatz von PC und Internet im Schulunterricht geführt und die Frage diskutiert, welche neuen Lernmöglichkeiten sie bieten. Zudem fordern Medienpädagogen immer wieder, Medienbildung systematisch in Lehrpläne einzubeziehen. Die Vermittlung von Medienkompetenz ist dabei obligatorisch. Im informellen Rahmen bieten die Schülerzeitung oder das Schulradio eine gute Gelegenheit, seiner Meinung Ausdruck zu verleihen und die ersten Grundlagen journalistischen Arbeitens zu erlernen. Aber auch im Unterricht können Kinder und Jugendliche lernen, sich mit Medien auszudrücken. Dabei ist die Auseinandersetzung mit Medien nicht per se an ein bestimmtes Unterrichtsfach gebunden. Onlinerecherchen sind für den Sachkundeunterricht denkbar, im Musikunterricht lassen sich die Biografien berühmter Komponistinnen und Komponisten nachlesen oder Filme vertonen. Die Reflexion über Medien können der Deutschunterricht und vor allem das Fach Sachkunde einbinden. Ausdruck über Medien kann Bestandteil des Kunstunterrichts sein, wo dann vielleicht nicht nur Epochen der Malerei, sondern obendrein Film- und Mediengeschichte erarbeitet werden.

Welche Bedeutung Medien in der Schule de facto haben, lässt sich aus unterschiedlichen Entwicklungen und Vorgaben schließen: Die Förderung von Medienkompetenz hängt beispielsweise davon ab, wie sie in den *Lehrplänen* verankert ist. Da Bildung Ländersache ist, unterscheiden sich Lehrpläne von Bundesland zu Bundesland. Weitgehend Einigkeit besteht zumindest darüber, dass sich manche Fächer besser für einen medienbezogenen Unterricht anbieten als andere. Eine grundlegende und systematische Verankerung von Medienkompetenz in den Bildungsplänen der Länder steht derzeit allerdings noch aus, ebenso die Unterbringung medienbezogener Themen in den Lehr- und *Ausbildungsplänen* von Lehrern und Erziehern. Je besser Lehrerinnen und Lehrer im didaktischen und pädagogischen Umgang mit Medien geschult sind, desto leichter fällt ihnen der Einsatz von Medien als Lehrmittel, ebenso wie die Reflexion gesellschaftlicher und individueller Bezüge von Medien im Unterricht. Neben der fachlichen Ausbildung sind das *persönliche Engagement* und die persönliche Einstellung entscheidend. Stehen die pädagogischen Fachkräfte den Medien aufgeschlossen gegenüber, oder sehen sie es nur als eine (vielleicht sogar lästige) Notwendigkeit an, Medien in ihre Arbeit einzubinden? Das medienpädagogische Engagement kann sich damit von Schule zu Schule, ja, von Lehrer zu Lehrer unterscheiden. Nicht zuletzt lässt der Blick auf die Medienausstattung pädagogischer Institutionen darauf schließen, welcher Stellenwert den Medien in der Einrichtung zugesprochen wird und wie die Einrichtungen angemessen auf Bildungspläne reagieren können. Die grundsätzliche *Ausstattung* von Schulen ist hier ebenso zu beachten wie die Verfügbarkeit von Medien für einzelne Schülerinnen und Schüler im Unterricht.

Stichwort: Medienkompetenz

Eltern, Pädagogen und Politiker sehen Medienkompetenz heutzutage als eine Schlüsselqualifikation im Umgang mit Medien an. Kinder und Jugendliche müssen den richtigen und angemessenen Umgang mit Medien lernen, wobei deutlich wird, dass eine solche Forderung immer auch normativen Charakter hat. Genauso haben Erwachsene sich im Zuge einer immer schneller fortschreitenden technologischen Entwicklung der Herausforderung zu stellen, kompetent mit Medien umzugehen. Die Ausbildung von Medienkompetenz wird damit zum lebenslangen Prozess. Viele Ansprüche an medienkompetentes Handeln meistern Heranwachsende in eigener Regie. Vor allem technische Fähigkeiten eignen sie sich oftmals selbstständig an, und dabei haben sie den Erwachsenen nicht selten einiges voraus. Die Medienpädagogik spricht hier von Prozessen der *Selbstsozialisation,* bei denen eigenständiges und selbstverantwortetes Lernen im Mittelpunkt stehen. Andere Voraussetzungen für einen kompetenten Umgang mit Medien vermitteln pädagogische Institutionen. Kindergärten und Schulen, daneben sind hier außerschulische Einrichtungen der Medienpädagogik engagiert.

Der Forderung nach Medienkompetenz verlieh der Erziehungswissenschaftler Dieter Baacke in den achtziger und neunziger Jahren des letzten Jahrhunderts öffentlichkeits-

wirksam Ausdruck. Ausgehend von seiner Schrift »Kommunikation und Kompetenz« differenzierte er den Begriff der
Medienkompetenz aus. Als vier wesentliche Dimensionen sah
er das Wissen über Medien als *Medienkunde,* die Analyse und
die Reflexion von Medien als *Medienkritik,* die Rezeption und
Handhabung der Medien als *Mediennutzung* sowie den kreativen Umgang mit diesen als *Mediengestaltung.* Mit einer so
verstandenen Forderung nach Medienkompetenz war zudem
der Anspruch verbunden, dass Menschen Medien nicht einfach nur passiv wahrnehmen, sondern selbst gebrauchen, um
ihrer eigenen Meinung Ausdruck zu verleihen. Eine solche
Forderung stand im Gegensatz zu früheren »bewahrpädago-
gischen« Haltungen, bei denen es lediglich darum ging, das
Medienhandeln Heranwachsender zu kontrollieren, sie von
den vermeintlichen Gefahren der Medienwelt fernzuhalten
und vor ihnen zu schützen.

Das von Baacke entwickelte Kompetenzmodell sollte in
den folgenden Jahren vielfach modifiziert und ergänzt werden. Dazu gehört zum Beispiel die Forderung der Wissenschaft, auch den genussvollen Umgang mit Medien als eine
Form von Medienkompetenz ernst zu nehmen. Die technische Weiterentwicklung der Medien führte darüber hinaus
zu der Frage, ob unterschiedliche Formen der Onlinenutzung
neue Fähigkeiten erfordern, die in älteren Kompetenz-Kon-
zepten unberücksichtigt blieben. Andere Begrifflichkeiten
setzen zudem neue Schwerpunkte. Wer Medienbildung ins
Zentrum rückt, verleiht der Forderung Ausdruck, identitäts-
bezogene Aspekte stärker einzubeziehen und die Persönlichkeitsentwicklung des Einzelnen in Auseinandersetzung mit
Medien noch genauer in den Blick zu nehmen.

6. Fazit und offene Fragen

Wir sind am Ende des Bandes angekommen und haben das Aufwachsen mit Medien von unterschiedlichen Seiten betrachtet. Wir haben Kinder ebenso wie Jugendliche in den Blick genommen. Wir haben den sozialen Rahmen des Medienhandelns einbezogen und die individuellen Voraussetzungen für das Verstehen von Medieninhalten. Schließlich haben wir das Medienangebot selbst betrachtet, das sich über vielfältige Plattformen und Inhalte erstreckt. Bei all diesen Ausführungen dürfte deutlich geworden sein, wie eng die Lebenswelten von Kindern und Jugendlichen mit Medien verbunden sind und dass wir Medien als selbstverständlichen Bestandteil des Alltagshandelns betrachten müssen. Es ist nicht so, dass auf der einen Seite Freunde, Familie und Schule stehen und auf der anderen Seite die Medien, die es fernzuhalten, einzubeziehen oder gar zu beherrschen gilt; Medien sind stets mittendrin. Schon Kinder und Jugendliche vertreiben sich mit Medien die Zeit und nutzen sie, um sich zu verständigen und auszudrücken. Sie verstehen Medien als beiläufigen Begleiter des Alltags und erfahren über das Vorbildverhalten der Eltern ihre Selbstverständlichkeit. Mit einem solchen Verständnis von Aufwachsen ist für Eltern und für Pädagogen, aber ebenso für Wissenschaftler die Aufgabe verbunden, Chancen des Medienhandelns zu erkennen und gleichzeitig Risiken wahrzunehmen, auf die es zu reagieren gilt.

Eine besondere Herausforderung liegt dabei sowohl aus medienpraktischer als auch aus wissenschaftlicher Sicht im raschen Wandel der Medienwelt. Technologische Entwicklungen ermöglichen neue Nutzungsformen, die wiederum Kommunikationsformen und Rezeptionsmodi verändern. Oftmals sind Kinder und Jugendliche den Erwachsenen eine Nasenlänge voraus, wenn es um die Handhabung neuer Medien und die Kenntnis ihrer Inhalte geht. Pädagoginnen und Pädagogen wie auch Forscherinnen und Forscher müssen sich gleichermaßen bemühen, den Trends nicht hinterherzulaufen, sondern sie aus einer übergeordneten Perspektive zu betrachten, die weniger kleinteilig, dafür mehr ganzheitlich angelegt ist. Jugendliche wissen, wie soziale Netzwerke funktionieren. Wie sie aber beispielsweise in Hinblick auf Ethik und Kommerzialität zu reflektieren sind, bedarf einer Anleitung. Medienwissenschaft, die sich auf Heranwachsende bezieht, ist somit auch kein abgeschlossenes Forschungsfeld; sie muss sich den steten Neuerungen stellen und ihre Forschungen ebenso daran ausrichten wie an den sich wandelnden sozialen und gesellschaftlichen Bedingungen, unter denen Kinder aufwachsen.

Mit einer so umfassenden Perspektive auf die Mediensozialisation sind unterschiedliche Fragen verbunden, deren Beantwortung aussteht und ad hoc wohl gar nicht möglich ist. Es bleibt abzuwarten und zu analysieren, welche Folgen sich für den alltäglichen Umgang miteinander aus dem Medienwandel ergeben: Wie verändern sich Kommunikationsformen und soziales Handeln, wenn technologische Bedingungen hier stets Neues ermöglichen und immer wieder andere Rahmen vorgeben? Schon heute machen kleine Alltagsszenarien deutlich, wie sich kommunikative Settings verändern und damit auch der symbolische Ausdruck, über den Menschen ihre Nähe zueinander definieren. Was hat es zu bedeuten, wenn Jugendliche, die Zeit miteinander verbringen, vor allem mit ihrem Smartphone beziehungsweise mit Freunden kommunizieren, die darüber erreichbar sind? Jugendliche stellen diese Kommunikationsformen mitunter selbst infrage und machen darauf aufmerksam, dass Regeln von Nähe und Distanz neu zu verhandeln sind. Ist es eine mangelnde Wertschätzung der anwesenden Freundin gegenüber, wenn ich dem Smartphone größere Aufmerksamkeit schenke, oder kann es vielmehr als Zeichen einer ganz besonderen Vertrautheit gewertet werden, wenn eine solche Form der Kommunikation möglich ist? Erwachsene stellen den Wert einer Beziehung oftmals dadurch heraus, dass sie miteinander schweigen können. Finden sich hier möglicherweise Parallelen, wenn eine Beziehung so vertraut ist, dass sie die geschlossene Kommunikation mit Dritten erlaubt? Nur am Rande sei die Frage aufgeworfen, ob Schweigen heutzutage überhaupt noch möglich ist oder die ständige Verfügbarkeit kommunikativer Beziehungen es nicht geradezu erzwingt, sie auch zu nutzen. Wie schnell erliegen wir der Versuchung, noch schnell eine SMS zu schicken, Mails zu checken oder einen Smiley zu versenden, wenn sich dazu nur die Gelegenheit bietet?

Mit dem steten Austausch kommt der vielfach und in öffentlichen Zusammenhängen häufig bemühte Begriff der Beschleunigung ins Spiel. Welche sozialen und individuellen Konsequenzen hat es, wenn Jugendliche heute mit dem Anspruch aufwachsen, auf Kommunikationsangebote immer und prompt reagieren zu müssen? Die ständige Verfügbarkeit per Smartphone führt zum Bedürfnis, auch dauerhaft erreichbar zu sein und entsprechend zu antworten. Jugendliche schildern es oftmals als Zeichen großer Disziplin, wenn sie es schaffen, diesem Zwang zu widerstehen. Mitunter ist das nur möglich, wenn sie das Handy außer Reichweite legen und erst gar nicht in die Versuchung kommen, die neue Nachricht wahrnehmen zu müssen. Angesichts des technologischen Fortschritts hat es keinen Sinn, solchen Entwicklungen grundsätzlich Einhalt gebieten zu wollen. Vielmehr stellt sich die Herausforderung, damit umzugehen. Welchen Weg Heranwachsende hier finden, bleibt abzuwarten. So ist denkbar, dass die Beschleunigung sich abschwächt oder von den nächsten Generationen sogar in ihr Gegenteil verkehrt wird. Neue Generationen neigen dazu, die Wertmaßstäbe der vorhergehenden zu verändern oder zumindest zu hinterfragen. »Entschleunigung« ist bereits heute ein populärer Begriff. Möglicherweise wird er künftig nicht nur öffentliche Debatten, sondern viel stärker noch das praktische Handeln bestimmen. Der Slow-Food-Bewegung könnte die Slow-Media-Bewegung folgen, die für verlangsamte, bewusste und nachhaltige Kommunikation nicht nur plädiert, sondern sie im Umgang mit den neuen Medien tatsächlich lebt. Vielleicht wird sie gerade von dieser Generation ausgehen, die mit den schnellen, mobilen und flexiblen Medienangeboten aufwächst?

Neben dem »Wie« spielt das »Was« eine Rolle. Die sich wandelnden Kommunikationswege führen zu neuen Formen der Darstellung und Mitteilung. Die sozialen Gemeinschaften des Internets – das haben wir in den vorangegangenen Kapiteln gesehen – bieten zahlreiche Möglichkeiten, sich selbst zu inszenieren. Auch Instant-Messaging-Systeme sind ein gutes Forum des Selbstmarketings. Diese Ausdrucksformen können als Spielfeld von Identität und Möglichkeitsraum verstanden werden, aber auch als Erfordernis, aus dem sich Fragen ergeben: Wer stellt sich besser dar? Wer ist interessanter? Wer ist attraktiver? Wer erhält den größeren Zuspruch in Form von Likes oder Klicks? Ob solche Kommunikationsformen zur stärkeren Betonung von Äußerlichkeiten führen, bleibt zu untersuchen. Ebenso die Frage, inwieweit sie zu einem Gebrauch von Stereotypen führen, die sich beispielsweise auf Geschlechterklischees und Muster der Darstellung beziehen. Werden Weiblichkeit und Männlichkeit zur neuen Währung im Kampf um digitale Aufmerksamkeit? Auf den Portalen der sozialen Netzwerke kann man unschwer erkennen, dass sich

Mädchen oftmals betont hübsch, sexy oder niedlich darstellen, während es bei den Jungs um Coolness geht. Unklar ist, inwieweit diese neuen Formen der Darstellung mit einer Anerkennung verbunden ist, aus der Jugendliche ihren Selbstwert beziehen. Anerkennung ist nicht nur für Jugendliche ein wichtiges Gut mit erheblicher Bedeutung für das eigene Selbstbewusstsein. Wenn sich Anerkennung aber zunehmend auf Äußerlichkeiten bezieht, entsteht ein Trend zum performativen Handeln. Die so Handelnden laufen Gefahr, die vor allem im Jugendalter zentrale Frage »Wer bin ich?« immer stärker aus der Sicht Dritter zu beantworten. Möglicherweise entwickeln Heranwachsende aber auch neue Formen des Identitätsmanagements, die nicht besser oder schlechter sind als vorhergehende – nur anders. All diese Fragen sind noch mit Mutmaßungen verbunden. Die medienwissenschaftliche Forschung ist angehalten, dem sich daraus ergebenden Forschungsbedarf entgegenzutreten und gleichzeitig die Bedingungen des Aufwachsens mitzureflektieren.

Nicht zuletzt ergeben sich für die praktische Medienpädagogik Konsequenzen, wenn sie den Anspruch erhebt, Medienhandeln Heranwachsender zeitgemäß und angemessen zu begleiten. Lehrern und Schülern, Eltern und Kindern muss es darum gehen, das Miteinander zu stärken und sich in der Diskussion neuer Technologien auf Augenhöhe zu begeben. Die hierarchische Vermittlung von anwendungsbezogenem Wissen ist kaum mehr möglich, wenn die jüngere Generation die ältere bereits überholt hat. Gefordert sind »Meta-Kompetenzen«, die sich auf die Reflexion neuer Technologien beziehen und dabei auf die Frage ihrer sozialen und gesellschaftlichen Wirkung zielen. Wenn wir Heranwachsende dabei unterstützen, die kommunikativen Veränderungen bewusst wahrzunehmen, zu reflektieren und mögliche Konsequenzen einzubeziehen, dürften sie für ihren Weg durch die (neue) Medien-Welt gut vorbereitet sein.

Zum Weiterlesen

Hengst, Heinz (2013): Kindheit im 21. Jahrhundert. Weinheim: Beltz Juventa.
Ein umfassendes Werk zur Kindheitsforschung, das anspruchsvoll und theoretisch grundlegend, sozialwissenschaftliche und soziologische Perspektiven einbezieht und Kindheit unter den aktuellen Bedingungen des Aufwachsens betrachtet.

Kunczik, Michael (2013): Gewalt – Medien – Sucht: Computerspiele. Münster: Lit Verlag.
Nach seinem mit Astrid Zipfel verfassten grundlegenden Werk über Medien und Gewalt setzt sich Michael Kunczik hier mit Computerspielen auseinander. Detailliert berichtet er über Entwicklungen, Theorien und Forschungsergebnisse zum Thema und zieht medienpädagogische Schlussfolgerungen.

Schorb, Bernd/Helga Theunert (Hrsg.) (2010): Mediengebrauch von Kindern im Alter von 0 bis 6 Jahren. merz 54/6.
Mit diesem Heft erhalten Leserinnen und Leser einen ersten Einblick in Studien und Debatten zur Mediennutzung

von Kleinkindern. Dabei gehen die Autorinnen und Autoren ebenso auf Medienangebote für die Jüngsten ein wie auch auf Entwicklungsvoraussetzungen ihrer Rezeption.

Süss, Daniel/Claudia Lampert/Christine W. Wijnen (2010): Medienpädagogik: Ein Studienbuch zur Einführung. Wiesbaden: VS Verlag.
Das einführende Werk gibt einen Überblick über das Feld der Medienpädagogik und bezieht theoretische, historische und praktische Positionen ein. Medienpädagogische Ansätze und Arbeitsfelder werden vorgestellt.

Valkenburg, Patti M. (2004): Children's Responses to the Screen. A Media Psychological Approach. Mahwah: Lawrence Erlbaum.
Die niederländische Medienwissenschaftlerin führt in das Thema »Kinder und Medien« anhand ausgewählter Problemfelder ein und verweist auf grundlegende Entwicklungsschritte zum Medienverstehen in unterschiedlichen Altersstufen.

Vollbrecht, Ralf/Claudia Wegener (2010): Handbuch Mediensozialisation. Wiesbaden: VS Verlag.
Das Handbuch gibt einen Überblick über Themen- und Problemfelder der Mediensozialisation, zeigt wesentliche theoretische Ansätze zum Thema auf und verknüpft diese beispielhaft mit empirischen Projekten.

Wegener, Claudia (2008): Medien, Aneignung und Identität. Stars im Alltag Jugendlicher Fans. Wiesbaden: VS Verlag.
Eine umfangreiche empirische Studie, die aufzeigt, welche Bedeutung populäre Medienpersonen, überlicherweise als Stars oder Idole bezeichnet, im Alltag jugendlicher Fans haben. Die Ergebnisse zeigen, wie sich Heranwachsende zu Medien in Beziehung setzen und sie zur Auseinandersetzung mit der eigenen Persönlichkeit und ihrer Umwelt gebrauchen.

Online-Quellen

Egmont Ehapa Verlag (o. J.): Kinder-Kaufzeitschriften; Kids VA
2015. http://www.egmont-mediasolutions.de/news/pdf/KVA_
2015_Reichweiten.pdf (Abruf 8. 2. 2016)

Ehmig, Simone, C./Timo Reuter (2013): Vorlesen im Kinder-
alltag. Bedeutung des Vorlesens für die Entwicklung von Kindern und Jugendlichen und Vorlesepraxis in den Familien.
http://www.stiftunglesen.de/download.php?type=document
pdf&id=951 (Abruf 26. 2. 2015)

Feierabend, Sabine/Walter Klingler (2013): Was Kinder sehen.
Eine Analyse der Fernsehnutzung Drei- bis 13-Jähriger 2012.
In: Media Perspektiven 4/2013. S. 190–201. URL: http://www.
media-perspektiven.de/publikationen/fachzeitschrift/2013/
artikel/was-kinder-sehen-4/ (Abruf 20. 2. 2015)

Feierabend, Sabine/Walter Klingler (2014): Was Kinder sehen.
Eine Analyse der Fernsehnutzung Drei- bis 13-Jähriger 2013.
In: Media Perspektiven 4/2014. S. 182–194. URL: http://www.
media-perspektiven.de/publikationen/fachzeitschrift/2014/
artikel/was-kinder-sehen/ (Abruf 20. 2. 2015)

Feierabend, Sabine/Walter Klingler (2015): Was Kinder sehen.
Eine Analyse der Fernsehnutzung Drei- bis 13-Jähriger 2014.
In: Media Perspektiven 4/2015. S. 174–185. URL: http://www.
ard-werbung.de/media-perspektiven/publikationen/fachzeit-
schrift/2015/artikel/was-kinder-sehen-18/?tx_frspublication_
pi5[action]=index&cHash=79115defc277f39bee9a699c673f1
9b6 (Abruf 3. 3. 2016)

Krüger, Udo Michael (2009): Zwischen Spaß und Anspruch.
Kinderprogramme im deutschen Fernsehen. Media Perspektiven 8/2009, http://www.ard-werbung.de/media-perspektiven/

publikationen/fachzeitschrift/2009/artikel/zwischen-spass-und-anspruch-kinderprogramme-im-deutschen-fernsehen/ (Abruf 25.7.2015).

Medienpädagogischer Forschungsverbund Südwest (o.J.): URL: http://www.mpfs.de/index.php?id=startseite (Abruf 3.2. 2015)

Nieding, Gerhild/Peter Ohler (2006): Der Erwerb von Medienkompetenz zwischen 3 und 7 Jahren. In: tv diskurs, 10, 4/2006 (Ausgabe 38), S. 46–51. URL: http://fsf.de/data/hefte/ausgabe/38/nieding_ohler046_tvd38.pdf (25.7.2015)

Rogge, Jan-Uwe (2002): Fantasie, Emotion und Kognition in der »Sesamstraße«. Anmerkungen zu den Rahmengeschichten. In: TELEVIZION 15, 1/2002; URL: http://www.br-online. de/jugend/izi/text/rogge15_1.htm (28.7.2015)

UNICEF Office of Research (2013): Child Well-being in Rich Countries: A comparative overview. Innocenti Report Card 11, UNICEF Office of Research, Florence. URL: http:// www.unicef.de/blob/18784/0adebd56926c7f78b39e1d8249cd 6b13/unicef-bericht-2013-originalversion-englisch-data.pdf (5.3.2015)

United-Kiosk.de (2016): Coole Zeitschriften nur für Kids & Teens und Comics im Abo. http://www.united-kiosk.de/zeit-schriften-abo/jugendzeitschriften-comics/ (8.2.2016)

Glossar

AGF/GFK-Fernsehforschung: Die AGF (Arbeitsgemeinschaft Fernsehforschung) ist ein Zusammenschluss der Sender ARD, ProSiebenSat.1 Media SE, Mediengruppe RTL Deutschland und des ZDF zur Erfassung der Bewegtbildnutzung in Deutschland. In ihrem Auftrag erhebt das Marktforschungsinstitut GfK (Gesellschaft für Konsumforschung) die Fernsehnutzung in ausgewählten Haushalten.

Digital Natives: Mit Digital Natives wird meist die Generation bezeichnet, die von Geburt an mit den so genannten neuen Medien aufgewachsen ist. Der Begriff impliziert, dass diese Generation einen anderen Umgang mit diesen Medien hat oder zumindest einen anderen Zugang, der sich aus ihrem selbstverständlichen Gebrauch ergibt.

Entwicklungsaufgaben: Nach Robert J. Havighurst altersspezifische Aufgaben, die der Mensch im Laufe seines Lebens zu lösen hat. Sie ergeben sich aus der körperlichen Reife, aus den kulturellen Anforderungen einer Gesellschaft sowie den Zielen und Wertvorstellungen des Einzelnen.

Medienaneignung: Medienaneignung bezeichnet den Prozess, mit dem sich Mediennutzer zu den Inhalten in Beziehung setzen, sie also mit ihren eigenen Lebensthemen verbinden. Demnach trägt jeder Nutzer eine individuelle Perspektive an die Medien heran, die sich aus dem Lebensumfeld, der familiären, kulturellen und sozialen Einbindung ergibt wie auch aus den Themen, die ihn beschäftigen, und der Aufmerksamkeit, mit der er sich diesen widmet.

Medienkompetenz: Medienkompetenz ist ein vor allem in politischen und öffentlichen, aber auch in wissenschaftlichen Debatten vielfach gebrauchter Begriff. Er geht von einem aktiven und handlungsfähigen Mediennutzer aus, der in der Lage ist, sich der Medien eigenständig, reflektiert und gesellschaftlich verantwortungsvoll zu bedienen.

Medienkonvergenz: Medienkonvergenz ist ein Oberbegriff, der sich vereinfacht gesagt auf das »Zusammenwachsen« von Medien bezieht. Das Smartphone ist hierfür ein gutes Beispiel, das nicht nur als Telefon dient, sondern auch zum Abspielen von Videos genutzt werden kann, Zugang zum Internet bietet und als Fotoapparat dient.

Mediensozialisation: Sozialisation bezieht sich auf die Entwicklung der Persönlichkeit, die in der Auseinandersetzung mit der Umwelt erfolgt. Der Begriff Mediensozialisation betont, dass Medien damit unmittelbar verbunden sind, und richtet den Blick auf Dimensionen des Aufwachsens, bei denen Medien eine besondere Rolle spielen.

Parasoziale Interaktion: Parasoziale Interaktion beschreibt in Anlehnung an Donald Horton und Richard Wohl eine Form des Umgangs, den Rezipienten mit Medienpersonen aufnehmen. Zuschauer und Zuhörer gehen mit Medienpersonen demnach in ähnlicher Weise um, wie auch mit einem guten Freund oder Bekannten.

Pre-Teens: Mit Pre-Teens sind Heranwachsende gemeint, die noch nicht als Jugendliche gelten, aber auch keine Kinder mehr sind. In der Regel werden damit die 10- bis 12-Jährigen bezeichnet.

Postadoleszenz: Der Begriff umschreibt eine Lebensphase zwischen Jugend und selbständigem Erwachsenenalter, in der sich die abgeschlossene körperlichen Entwicklung und der sozioökonomische Status des Heranwachsenden mitunter entgegenstehen.

Social Communities: Ein Begriff für die virtuellen Gemeinschaften des Internets. Die Nutzer können sich mit anderen Mitgliedern eines Netzwerkes verbinden und austauschen. Auf ihren eigenen Profilseiten haben sie die Möglichkeit, sich darzustellen und Angaben zur eigenen Person zu veröffentlichen. Bei Jugendlichen ist das Netzwerk Facebook besonders beliebt.

Second Screening: Mit Second Screening ist der gleichzeitige Gebrauch mehrerer Bildschirme gemeint, wobei in der Regel davon ausgegangen wird, dass mindestens ein Bildschirm Bewegtbild (also beispielsweise einen Film) abspielt. Diese Bildschirme werden dann in der Nutzung miteinander kombiniert und beliebig erweitert.

Printed in the United States
By Bookmasters